NALA ET DAMAYANTI

ou

L'Art de la Victoire

TRADUIT DU SANSKRIT PAR
CHRISTINE DEVIN

Discovery Publisher

Auteur : Christine Devin

616 Corporate Way
Valley Cottage, New York
www.discoverypublisher.com
editors@discoverypublisher.com
Fièrement pas sur Facebook ou Twitter

New York • Paris • Dublin • Tokyo • Hong Kong

NALA ET DAMAYANTI

ou

L'Art de la Victoire

TRADUIT DU SANSKRIT PAR
CHRISTINE DEVIN

COLLECTION
CONTES ET LÉGENDES DE L'INDE
VOLUME 5

Cette collection s'est donné pour but d'entrouvrir une porte qui permette au lecteur français de pénétrer dans l'univers fascinant, mais infiniment complexe, de la sensibilité indienne. L'esprit moderne est parfois déconcerté dans les histoires hindoues par la superposition de mondes différents et les manquements à la règle de vraisemblance si chère à nos classiques. Ces caractéristiques ne sont pas le fruit d'un esthétisme gratuit, elles sont les marques d'une mentalité qui tente toujours de décrire la vie terrestre non pas dans ce qu'elle montre, mais dans ce qu'elle cache, et qui voit l'action humaine comme constamment entourée et influencée par « d'autres forces », que nous pourrions qualifier de cosmiques. Pour l'esprit grec, la lumière du soleil est le cadre naturel de ses activités et l'objet de ses délices. Pour l'esprit hindou, c'est un voile doré qui lui cache des merveilles qu'il désire ardemment. Nous ne prétendons pas faire ici œuvre d'érudits ou d'indianistes, mais seulement de suggérer, à travers certaines histoires présentées dans une langue aussi simple et vivante que possible, cette clé indispensable à une compréhension de la culture et du génie de l'Inde.

« Quiconque entend cette ancienne et magnifique histoire

obtiendra tout ce que peut souhaiter son cœur.[1] »

---

1. Littéralement : «obtiendra fils, petits-fils, bétail, honneur, santé et bonheur.»

NALA ET DAMAYANTI

ou
L'Art de la Victoire

TRADUIT DU SANSKRIT PAR
CHRISTINE DEVIN

INTRODUCTION

Avant même que la narration ne débute, nous sommes prévenus : l'histoire, racontée par le poète Vyasa dans le 3ᵉ livre du Mahabharata, ou *Livre de la Forêt*, contient quelques-unes des vérités de l'existence les plus profondes. C'est une histoire pour apprendre à vivre et à comprendre le monde dans lequel nous sommes nés. Non pas sur des hauteurs intellectuelles ou spirituelles, mais concrètement, pratiquement, sur les chemins tortueux de l'existence.

C'est histoire de deux êtres exceptionnels que le destin a placés dans des circonstances on ne peut plus idéales, le roi Nala et la princesse Damayanti. Ils s'aiment d'un amour irrésistible dont les dieux eux-mêmes sont contraints de reconnaître la pureté et la force. Tous les obstacles sont vaincus, leur mariage est célébré puis est suivi d'une vie de bonheur et de prospérité. Mais soudain ce tableau harmonieux se craquelle, se décompose sous nos yeux et se transforme en une scène grimaçante de désolation et de désespoir.

Un être malfaisant s'empare de la personne du roi, obscurcit son jugement et le conduit à toutes sortes de catastrophes : perte de son royaume, exil, séparation d'avec ses deux enfants, abandon de sa femme, solitude, souffrance et servitude.

Confusion, doutes, pertes, souffrance, angoisse ont fait leur apparition dans l'histoire de Nala et Damayanti, comme bien souvent dans notre propre vie. Car quelle vie sur terre est lisse, quelle vie n'est pas traversée de secousses brutales ou sujette à des dérapages inattendus ? On s'élève, on tombe ; on gagne, on perd. Rama se prépare à être couronné quand il est exilé du royaume. Juste au moment où Rama va être couronné roi d'Ayodhya, Kaikeyi exige qu'il soit exilé, Rama est chassé, et un grand drame se déroule jusqu'à ce qu'une bataille soit livrée, et seulement après la bataille vient la victoire. Le grand sage Vishvamitra va enfin récolter le fruit de ses années d'ascèse extrême quand il se met soudain en colère et perd tout en une seconde. Rares sont les chemins qui ne sont pas accidentés.

Rares sont les vies linéaires.

La première réaction quand la vie bascule, c'est de dire pourquoi ? C'est la question que se posent sans cesse les deux amants dans cette histoire. Pourquoi le mal s'est-il introduit dans leurs vies ? En sont-ils responsables, et si oui comment ? « En quoi ai-je mérité cette souffrance ? » répètent les deux protagonistes. L'interrogation est d'autant plus intense, d'autant plus douloureuse qu'il ne s'agit pas ici de caractères médiocres ou dépravés. Ces deux personnages nous sont présentés dès le début comme des êtres humains particulièrement purs, particulièrement respectueux de la vérité et de la grande Loi du *dharma*.

Ici un mot est nécessaire pour tenter d'éclairer un peu le concept indien du *dharma*. Ce concept découle de celui de *Rita* dont parlaient les Rishis védiques : selon eux, il y a au sommet de la conscience un pouvoir actif qui arrange les forces et les activités de l'univers par une harmonie automatique des relations, des mouvements et des résultats. C'est un pouvoir de vérité, une conscience de vérité, une loi de vérité. Son action est droite au sens premier du terme, «ritam», c'est-à-dire rectiligne, non déformée, non tordue comme l'action du mental ordinaire. L'Inde ancienne voulut donc organiser les différents aspects de la vie sous l'égide de ce principe fondamental; c'est ainsi que naquit l'idée de dharma, qui n'est pas seulement le bon, le juste, l'éthique, la moralité ou la justice, mais tout ce qui gouverne les relations de l'homme avec les autres êtres, avec la Nature, avec Dieu, et dans une vie comprise comme le développement d'un principe divin. Donc le dharma n'est pas une loi rigide ni uniforme, c'est ce qui aide à croître en pureté, en lumière, en liberté, en pouvoir, en beauté, unité, joie, amour, en somme «une loi d'ascension». Le «adharma» étant tout ce que l'homme doit abandonner pour progresser, tout ce qui essaie de tirer en arrière et vers le bas – les forces de l'ignorance et de l'obscurité.

Dans l'histoire de ces deux êtres qui ont toujours, nous dit-on, respecté la loi du dharma, le mal s'est introduit; ce qui était droit est devenu tordu. La question du but et de l'origine du mal est ainsi le sujet véritable de cette parabole. Comme le dit Sri Aurobind, dans un texte précisément appelé «L'énigme de ce monde», si ce monde est divin dans son point de départ, pourquoi le mal et la souffrance doivent-ils s'immiscer dans la Paix, la Béatitude et le Bien divins? Or Sri Aurobindo, même s'il avertit qu'il est impossible de répondre à cette question, du moins au niveau de l'intelligence humaine, suggère que ce mal «est devenu inévitable à un certain moment. Car dès qu'il apparaît il acquiert, pour l'âme descendant dans la manifestation évolutive, une attraction irrésistible qui crée l'inévitable – une attraction qui en termes humains, sur le plan terrestre, peut se traduire par l'attrait de l'inconnu, la joie du danger, de la difficulté et de l'aventure, la volonté de tenter l'impossible, de réaliser l'incalculable… la fascination des contraires et de leur difficile harmonisation.»

Nous verrons plus tard ce que Nala et Damayanti auront gagné à cette descente dans l'obscurité.

***

Cela dit, une fois la souffrance et le mal immiscés dans la vie, la question essentielle est celle-ci : de quoi un être humain a-t-il besoin pour traverser ces obstacles, ne pas se laisser écraser, et surtout s'en saisir pour avancer ? Qu'est-ce qui fait que certains émergent plus forts et que d'autres sombrent ? Comment les forces qui tirent sur le mauvais chemin peuvent-elles être identifiées et vaincues ? Comment apprend-on l'art de la Victoire ?

L'histoire de Nala et Damayanti contenant, dit-on, plusieurs secrets sur cet art, elle a toujours été considérée comme dépositaire d'un enseignement incomparable. Et bien entendu, ce texte n'est pas un cas isolé. Toutes les grandes épopées de l'Inde ancienne sont considérées comme sources de connaissance. Les poètes qui les ont écrites ne voulaient pas seulement raconter une histoire avec beauté et noblesse ou créer un poème intéressant, bien qu'ils l'aient fait avec grand succès. Le Mahabharata et le Ramayana sont *itihasa* c'est-à-dire qu'ils sont comme le disait Sri Aurobindo « une tradition historique ou légendaire ancienne, utilisée de façon créative comme mythe ou conte *ayant signification et expressif d'une vérité spirituelle, religieuse, éthique ou idéale, et par conséquent formatrice de l'esprit d'un peuple.* » (C'est nous qui soulignons)

Les poètes Valmiki (le Ramayana) et Vyasa (le Mahabharata) ainsi façonnèrent l'esprit du peuple indien. Ils furent des architectes et des sculpteurs de la vie. Leurs épopées contiennent une réflexion vaste et profonde sur la complexité de la psychologie humaine, sur la société, la politique et la religion. Si l'on a pu parler du Mahabharata comme du 5e Veda, ce n'est pas seulement parce que c'est un grand poème épique, c'est parce que c'est aussi un corpus de connaissances. Il est dit du Mahabharata :

> *Tout ce qui se trouve dans ce livre, concernant les quatre grands buts de l'homme – dharma, gain personnel, passion ou libération – existe dans la vie. Ce qui n'est pas dans le livre n'existe nulle part.*

Un corpus de connaissance, avons-nous dit, et qui touche au plus profond des secrets de l'existence.

Les Rishis védiques avaient parlé de la vie comme d'une bataille entre les forces de lumière et les forces d'obscurité. Ils avaient dit que dans cette bataille il y a des forces qui vous aident et il y a d'autres forces qui obstruent votre chemin. Ils avaient dit que la vie était un sacrifice, et qu'en brûlant vos imperfections dans le feu du sacrifice, vous pouviez vous élever et progresser du mensonge jusqu'à la vérité. Or toutes ces connaissances védiques, ces notions comme celles de la loi juste de l'action, *Rita* (dont nous avons parlé plus haut), ces vérités qui appartiennent à un plan intérieur, sont présentes aussi dans le Mahabharata, mais généralement le poète les transfère sur un plan extérieur : idées, éthique, politique. Néanmoins dans le conte de Nala et Damayanti (une histoire probablement très ancienne), ce qui est particulier, c'est qu'elles gardent la trace de leur signification occulte.

***

L'histoire est donc présentée ainsi dans le Mahabharata : comme un conte dont l'origine se perd dans la nuit des temps et qui recèle des secrets capables d'aider un homme écrasé par le doute et le chagrin. En fait, la façon dont cette histoire est imbriquée dans le Mahabharata est extrêmement révélatrice et vaut la peine qu'on s'y arrête. Elle a un rôle, cette histoire, elle a un but : elle doit agir sur un homme en proie à la désolation, elle doit le faire sortir de son désespoir et le pousser à agir pour triompher des circonstances. Cet homme, c'est Yudhisthira, l'un des héros du Mahabharata.

« Y a-t-il jamais eu un homme plus malheureux que moi ? »

Il n'y a jamais eu d'homme plus malheureux que moi, se lamentait Yudhisthira. C'était un roi et il avait perdu son royaume. C'était l'aîné de cinq frères et le plus sage ; on le considérait comme l'incarnation du dharma, un modèle de rectitude morale, et voilà qu'il se retrouvait accusé d'avoir appelé le malheur sur sa famille en cédant à la tentation du jeu. Même ses amis intimes lui reprochent d'avoir joué aux dés en engageant sa propre liberté, celle de ses frères et même celle de leur femme : il avait misé tout cela en un geste fou, et il avait perdu. Cette scène horrifique revenait à son esprit constamment, cette scène pendant laquelle leur femme, la fière Draupadi, transformée en esclave par sa faute à lui, avait été traînée par les cheveux dans la salle de l'assemblée et humiliée publiquement comme aucune femme ne l'avait jamais été. Il revivait ce moment atroce, il revoyait son impuissance, les sarcasmes de ses ennemis, et c'étaient autant de flèches qui lui perçaient le cœur. Il avait été piégé par un maître tricheur, poussé à jouer aux dés alors que lui-même ne connaissait pas le secret de ce jeu (*anakshajnasya hi sato*). Et maintenant quoi? Il avait joué et perdu; il devait respecter l'accord selon lequel les cinq frères et leur femme devaient vivre exilés dans la forêt. Et comme si ce n'était pas assez de malheurs, son frère chéri, le grand guerrier Arjuna venait de partir vers les régions du nord en quête de la science des armes divines. Quand reviendrait-il? Et même reviendrait-il?

Yudhisthira se sentait si seul! Arjuna lui manquait terriblement. Et c'était insupportable d'entendre son frère Bhima qui n'arrêtait pas de lui lancer des reproches et de le harceler. Que pouvait-il répondre lorsque Bhima, exaspéré de ce qu'il voyait comme de la passivité, le provoquait : «De toute façon, répétait-il, tu joueras encore. Même après ce qui s'est passé, j'en suis sûr, tu ne pourras pas refuser une invitation au jeu.» Le chagrin, la rage et la honte torturaient Yudhisthira. La nuit, incapable de trouver le sommeil, la bouche desséchée d'angoisse, il se tournait et se retournait sur sa couche et se lamentait amèrement sur son malheur. «Non, vraiment, il n'y a jamais eu homme plus misérable que moi.»

Un jour un sage, un de ces Rishis qui vivaient dans les ermitages des forêts de l'Inde ancienne, apparut à l'endroit où vivaient les frères. Ceux-ci le reçurent et l'honorèrent comme le voulait la tradition. Après quelque temps Yudhisthira se débrouilla pour le voir seul. Il s'assit à ses pieds et déversa tout ce que contenait son cœur. Ses inquiétudes, sa souffrance, ses doutes, ses remords, son impuissance – il ne cacha rien au grand Rishi. Et il conclut avec la seule chose qui lui paraissait une certitude au milieu de sa désolation : «Y a-t-il jamais eu un roi plus misérable que moi ? »

Oui, il y en a eu un, répondit doucement le Rishi,
Brihadashwa. «Jadis il y eut un roi qui était plus
malheureux que toi. Il était seul dans la forêt,
séparé de sa femme, sans frères ni amis, bien plus
isolé que tu ne l'es. Il n'était même plus capable
de réfléchir à son devoir comme tu le fais, car son
esprit était obscurci. Si tu veux m'écouter, je te
dirai l'histoire du roi Nala qui traversa une épreuve
plus grande que la tienne, la surmonta et triompha
de ses misères. »

***

Voilà donc comment l'histoire de Nala et
de Damayanti est introduite par le poète du
Mahabharata : comme une histoire de courage et
d'endurance face à l'adversité ; comme un exemple
de ce que le destin peut faire à un homme et de
ce que l'homme peut faire au destin ; comme une
leçon d'espoir donnée à quelqu'un qui n'est pas
loin de sombrer dans la désespérance. À travers ce
conte, le Rishi veut amener Yudhisthira à mieux
percevoir le jeu des forces invisibles. Il lui rappelle

qu'il est des moments dans la vie où l'on peut se faire manipuler par certaines de ces forces dont le but est d'obstruer et de détruire. Mais il faut savoir qu'il est d'autres forces qui peuvent protéger et guider. Grâce à elles, on peut se libérer de sa peur, on peut se débarrasser du sens de la culpabilité qui paralyse. On peut comprendre ce qui s'est passé, et pourquoi il y a eu comme un oubli du devoir.

En effet «l'idée centrale de ce poème, dit Sri Aurobindo, est celle de l'esprit de dégénérescence, l'esprit de l'âge de fer», qu'on appelle en Inde Kali-yuga: «le temps de Kali[1]». Ce terme s'applique à une époque, mais aussi à une force, active dans le monde en n'importe quel temps: une force qui aveugle, qui divise, qui déforme. Dans l'histoire de Nala, cette force est personnalisée en un être malfaisant s'emparant d'un homme qui jusque-là avait été un idéal de pureté et de loyauté, le conduisant à toutes sortes de calamités.

Après avoir narré l'histoire de Nala et Damayanti à Yudhisthira, le Rishi conclura: «Et de même

---

1. À ne pas confondre avec la déesse Kaali.

que Nala a retrouvé son royaume, pour toi aussi la
fortune tournera. Rien de ce que possède l'homme
n'est stable ou permanent, sache-le et, le sachant,
ne te désole pas, grand roi. Tu dois te libérer de
cette peur qui te hante que quelqu'un d'expert au
jeu de dés t'invitera à jouer et que tu perdras de
nouveau. Et cette peur, moi je vais t'en débarrasser
sur-le-champ!» Yudhisthira apprendra alors du
Rishi la science des nombres, l'art du jeu de dés,
reprenant l'initiative dans la bataille de la vie et se
libérant ainsi de sa peur.

L'histoire racontée par le Rishi à cet homme
désespéré est donc bien une histoire-enseignement,
une histoire qui apaise, apporte compréhension et
pointe la direction à suivre.

***

Les personnages - Damayanti

Pas d'ambiguïté: le nom même nous le proclame,
«Damayanti» est «celle qui *dompte*, qui conquiert,
qui contrôle». Voici là un exemple éclatant de ce
que la femme de l'Inde ancienne, contrairement

à tout ce qu'on nous raconte, était loin d'être la servante, l'esclave, l'inférieure de l'homme (il en existe d'ailleurs d'autres exemples, mais là n'est pas notre sujet).

Oui, Damayanti possède l'art de la victoire. Ce n'est pas seulement la pureté et la sincérité de son amour qui la fait triompher, ce sont aussi d'autres vertus, qualifiées sans doute de plus masculines, qui lui font bousculer les obstacles et vaincre les forces malfaisantes : une volonté de fer, une appréciation très fine des complexités de la vie, et enfin un art souverain pour accomplir l'action juste au moment juste. Toutes ses décisions sont empreintes d'une certaine qualité, elles ont quelque chose de lumineux et de simple qui va droit au but et auquel rien ne peut résister. À chaque détour de l'histoire, Damayanti résout l'inextricable, redresse ce qui est tordu et change défaite en victoire.

Son amour pour Nala n'est pas un amour ordinaire. C'est un amour surgi des profondeurs de l'âme, et pour nous le faire comprendre, le poète utilise le symbole védique du « hamsa » ou « cygne » qui, en fait, n'est pas le cygne que l'on connaît en occident, mais plutôt un grand oiseau blanc comme une aigrette ou une oie sauvage. C'est un oiseau comme celui-là, mais aux ailes dorées et à la voix humaine, qui se fait le messager de Nala auprès de Damayanti au tout début de l'histoire.

La force de cet amour sera si grande qu'aux dieux Damayanti préférera Nala. L'épisode relatant la cérémonie au cours de laquelle la jeune fille choisira Nala parmi cinq prétendants dont quatre sont des dieux est lui aussi hautement symbolique. Damayanti a soudain la révélation de ce par quoi l'homme se distingue des dieux. Là encore les images émouvantes du poète nous font entrevoir une intuition profonde de l'Inde ancienne: les dieux sont stables, immobiles, toujours lumineux, invariablement harmonieux. Le temps ne les change pas, la lutte ne les affecte pas. C'est-à-dire que leur monde, le monde des religions, est un monde statique, non évolutif. Le monde de Nala au contraire est celui de la terre que touchent ses pieds. C'est un monde qui n'est pas entièrement glorieux ou harmonieux, qui est fait de lumière et d'ombre, de poussière et de sueur, de luttes et d'impuretés. Un monde où tout est en mouvement, où tout se transforme comme sa guirlande se fane avec le temps qui passe. Pourtant, dans cette imperfection il y a une aspiration vers une perfection plus haute et plus complète. Cette aspiration, ce besoin, c'est le signe de l'âme. Les dieux n'ont soif de rien. L'âme humaine, si. Elle cherche la vérité, la liberté, le bonheur sans mélange. C'est cette soif qui conduit l'âme dans son voyage vers des lumières de plus en plus grandes. Et c'est justement l'expérience que désire Damayanti : le périple de l'âme vers une perfection de plus en plus grande. C'est pourquoi elle choisit Nala, elle choisit l'homme, de préférence au dieu. Une perfection statique et satisfaite n'est pas pour elle. Son âme veut l'aventure, la lutte et un triomphe complet. On pense au texte de Sri Aurobindo dans « l'Énigme de ce monde » cité plus haut.

Dans cet amour n'existe pas – chose sans doute jamais vue – la moindre trace d'égoïsme. Jamais elle ne se plaint ou ne s'apitoie son sort. Aux pires moments elle ne se désole que pour son époux, elle ne plaint que son époux.

D'après la science ancienne du yoga et sa
connaissance du corps subtil, le centre de la
volonté est situé entre les sourcils. Or il est dit
que Damayanti a une petite marque de naissance
à cet endroit exact. Ce n'est pas un hasard.
Il est indubitable qu'une de ses plus grandes
caractéristiques est une volonté indomptable. Ni
l'offre des dieux, ni l'abandon dans la forêt, ni la
peur ne la font dévier une seconde de son chemin.
Quand, après toutes sortes d'aventures qu'elle devra
traverser seule, elle retrouvera enfin ses parents et
ses enfants, Vyasa ne s'attarde pas sur des scènes
de réjouissances familiales. Damayanti est restée
exactement la même femme que celle qui a été
abandonnée dans la forêt : elle n'est couverte que du
même vêtement déchiré, et elle ne pense qu'à une
seule chose, comment retrouver Nala, comment lui
faire savoir qu'elle l'attend. Elle respecte ses aînés
comme n'importe quelle femme de son époque,
et avant d'agir elle demande leur permission à ses
parents, mais sa volonté est si forte, ses intentions
sont si claires que personne ne peut s'y opposer.

On voit par là qu'elle est une femme libre et on
sent l'empathie du poète «à l'esprit de granit» avec
cette formidable force de caractère.

A cette volonté indomptable, il faut ajouter une
autre qualité, celle-là sans doute encore plus rare :
une profonde compréhension de ce que sont les
complexités de la vie. C'est une très jeune femme
dont la vie jusqu'au mariage a dû se confiner aux murs
du palais, néanmoins elle réagit aux circonstances
comme si elle avait des vies d'expérience derrière
elle. Elle comprend très vite que Nala est sous le
contrôle d'une force mauvaise, qu'il n'est plus lui-
même et que par conséquent il n'est pas à blâmer ;
son jugement est obscurci, il est *mohita* (la proie
d'une illusion), et incapable de décider clairement
et librement. Son esprit, remarque-t-elle, désormais
ressemble «à une balançoire (*dola iva*) tirée dans
deux directions opposées». Elle pressent même,
malgré les dénégations de Nala, qu'il ne pourra que
l'abandonner dans la forêt. «Je comprends, ô, roi,
que tu ne désires pas me quitter. Mais comme ton
esprit est tiré dans une autre direction, il est très
probable que tu le feras.»

Non seulement elle est consciente de la bataille
entre des tiraillements contradictoires, mais elle est
aussi, nous dit le texte, «*desha-kaala-jnaa*» c'est-
à-dire qu'elle sait agir au bon endroit et au bon
moment. Pendant que Nala est en train de jouer aux
dés et se fait dépouiller de toutes ses possessions les
unes après les autres, Damayanti prévoyant ce qui
va arriver et réagissant rapidement met ses enfants
à l'abri. Un autre exemple de son art de l'action
appropriée, c'est la façon dont elle saura comment
retrouver Nala et le faire revenir. Elle inventera une
stratégie dont chaque détail est admirablement
pensé et exécuté.

Voilà le personnage décrit si puissamment et
pourtant avec tant de simplicité par Vyasa.

Les personnages : Nala

Dans le Mahabharata, le titre du chapitre réservé à cette histoire est Nalopakhyanam ou « histoire de Nala ». Je ne pense pas que le nom des chapitres ait été donné par Vyasa. Les titres doivent être le résultat d'additions ultérieures. Quoi qu'il en soit, à première vue ce titre paraît inapproprié, car le rôle de Damayanti semble infiniment plus marquant que celui de Nala. C'est elle, davantage que Nala, qui semble maîtriser la science de la victoire, c'est elle le pouvoir salvateur. Néanmoins, le héros de l'histoire est un héros à deux têtes, car finalement c'est la même lutte que livre chacun d'entre eux, c'est le même ennemi qui les attaque et dont ils sont tous deux victorieux.

On pourrait d'ailleurs dire que les vrais personnages principaux de ce conte sont les forces invisibles qui aident ou entravent :

« Le vrai sujet des épopées hindoues, dit Sri Aurobindo, est toujours une lutte entre deux forces universelles et opposées, pendant que les acteurs humains et divins, sauf la Trinité suprême, ne sont que des pions mis en mouvement par d'immenses impulsions du monde qu'ils expriment, mais ne peuvent guider consciemment. »

Qui est le vrai Nala ? Un homme qui respecte son serment au risque d'être dépossédé de ce qu'il a de plus précieux ? Ou bien un homme qui trahit ses promesses et abandonne sa femme ? La réponse à cette question est dans la phrase de Sri Aurobindo que nous avons déjà citée sur « l'esprit de dégénérescence ». Car cet esprit existe, bien qu'invisible, et il est dans sa nature de corrompre, d'avilir, et d'essayer de posséder chaque être pourvu qu'il trouve une faille pour y pénétrer. Il se peut que la faille, la faute, soit minuscule, peu importe, ce n'est pas une question de ce qui est bien ou mal, pas une question de morale, c'est plutôt une question de manque de vigilance. Et une fois qu'il s'est introduit à l'intérieur de sa proie grâce à un bref moment d'inconscience (le symbole utilisé – les pieds que Nala a oublié de laver – semble indiquer l'inconscient), eh bien c'est Kali qui dirige.

Malgré tout dans le cas de Nala, la seule chose de l'ancienne personnalité qui ne sera pas oblitérée sera son amour et son respect pour Damayanti. Contrairement à l'histoire fameuse du Mahabharata lorsque Yudhisthira, après avoir perdu au jeu de dés son royaume et ses frères, mise et perd la liberté de sa femme, Nala lui aussi est enivré par le jeu, mais lorsqu'il est invité par son frère à mettre en jeu la dernière chose qui lui reste, sa femme, il quitte la salle sans un mot.

Nala entreprendra une longue, solitaire et douloureuse *tapasya*[2], (n'oublions pas qu'il est

2. « Le mot *tapasya*, dérivé de la racine *tap* « chauffer », est quelquefois traduit bien à tort par « pénitence ». En fait, il ne s'agit de rien d'autre que d'un effort acharné en vue d'un résultat spécifique, un rassemblement de toutes les facultés humaines sur un point unique, une « prise de contrôle » de toutes les pensées, émotions et habitudes physiques de l'être, une concentration de la volonté en vue d'acquérir ou de devenir quelque chose. Non seulement on « brûle », on « se consume » pour quelque chose, comme le dit la langue française, mais consciemment et méthodiquement on cherche à brûler de plus en plus intégralement jusqu'à ce que tout en soi-même ne soit plus que feu, c'est-à-dire énergie, force. » (voir *Parvati ou l'amour extrême*, Discovery Publisher)

le maître des chevaux, le cheval étant aussi un symbole védique très ancien représentant, d'après Sri Aurobindo, le Pouvoir, l'Énergie de la tapasya) pour reconquérir ce qui est sien : son jugement, sa volonté, sa liberté, sa femme, son royaume. Dans cette reconquête, l'apprentissage de la science des nombres sera un tournant décisif puisque c'est ce qui expulsera Kali de son corps. Or le mot sanskrit *samkhya* , « nombre », est aussi le mot qui désigne l'une des six philosophies traditionnelles de l'Inde. Ce système procède par analyse, énumération, discrimination, afin de distinguer (nous simplifions beaucoup) ce qui est essentiel de ce qui est accessoire. Il est possible que cette science des nombres qui aide Nala à vaincre Kali ait une relation avec la discrimination nécessaire dans le yoga pour faire la différence entre ce qui est le vrai moi et ce qui est l'ego. On sait que ne pas s'identifier à la force mauvaise est une étape importante dans la *tapasya*. Mais cette science grâce à laquelle Rituparna peut savoir en une seconde le nombre total de feuilles sur l'arbre pourrait aussi symboliser la connaissance par identification dont on dit que les yogis sont capables. Au lecteur d'approfondir ou de compléter ces remarques…

***

Gardons-nous en tous cas de ne voir dans cette histoire qu'un conte de fées, bien que cela le soit aussi – oui, c'est un conte ravissant dans lequel peines et joies sont retracées de façon délicate, un conte traversé d'une grande tendresse et d'une immense compassion pour la fragilité de l'être humain et pour ses souffrances. Mais c'est aussi une parabole dont les images puissantes nous font voir que les circonstances de la vie ne sont rien, que la conscience est tout. Les symboles se suivent et se retournent, se transforment en leur contraire, suivant la position intérieure.

Ces merveilleux oiseaux d'or autrefois symboles de l'âme, que Nala avait accueillie avec amour, se changeront un jour en créatures qu'il voudra tuer pour manger – créatures maléfiques qui se moqueront de lui – surprenant renversement dû à la dégénérescence de Nala. Une fois symboles de l'âme, une seconde fois symboles de tricherie.

Les dés ont perdu Nala, mais ils seront aussi l'instrument de sa reconquête.

Le serpent est menace quand il essaie d'avaler Damayanti, mais il est aide-salvateur quand Karkotaka injecte son poison à l'intérieur de Nala dans le but de torturer Kali.

Nous pourrions continuer dans cette veine et citer plusieurs détails dont le sens est double. Deux exemples parmi beaucoup d'autres : le serpent royal Karkotaka se fait « aussi petit que le pouce », or cette expression « aussi petit que le pouce » est utilisée maintes fois dans les Upanishads pour désigner l'âme. Quant à l'arbre dont Rituparna compte les feuilles, il a un autre nom : « l'arbre qui enlève la peur ».

Il est sans doute vrai que le sens exact de ces symboles n'est pas aisément perceptible à l'intelligence. Mais peu importe, car ces images non seulement sont imprégnées de poésie, de mystère, mais aussi de sacré. On sent qu'elles résonnent de quelque chose de très profond par-derrière. Même si on ne peut les «expliquer», elles nous transportent dans d'autres mondes, dans le monde védique, dans celui de l'Inde, dans celui de l'antiquité. Et surtout dans une mentalité complètement différente, pour laquelle l'imagination n'est pas un simple jeu esthétique, mais une façon d'exprimer des vérités autres que celles de l'existence physique, des vérités perçues par un œil qui n'est pas celui du mental, et qui, habillées de ces images, resteront frémissantes de vie – tel un oiseau qu'on tient au creux de sa main et dont on sent battre le cœur. Une mentalité «intuitive et symbolique» à laquelle l'esprit moderne fortement intellectualisé, gouverné d'un côté par le raisonnement et les conceptions abstraites, de l'autre par les faits de la vie tels qu'ils apparaissent aux sens, est devenu complètement étranger. C'est pourquoi la lecture de ce conte est si rafraîchissante et l'émotion ressentie par le lecteur est si étrange et si délicieuse.

NALA ET DAMAYANTI

ou

L'Art de la Victoire

TRADUIT DU SANSKRIT PAR
CHRISTINE DEVIN

Les jardins commençaient à révéler toute leur splendeur. Une aube bruissant de chants d'oiseaux avait dissipé les dernières ombres de la nuit et un doux soleil se mettait lentement à éclairer la surface du bassin aux lotus. Un parfum de jasmin flottait mêlé à l'odeur des plantes sacrées de basilic encore humides de rosée. La chevrette accompagnée de son faon avançait sur l'allée de sable fin menant au palais. N'était-ce pas l'heure où le roi Nala venait se promener dans ces lieux ? Elle le savait et tous les matins s'approchait de lui pour quêter une caresse. Parfois même le roi apportait spécialement pour elle une poignée de sel dont elle se régalait, léchant à petits coups la paume ouverte.

Aujourd'hui le roi ne voyait ni la chevrette ni le faon, drôlement juché sur des pattes trop grandes pour lui. Il n'avait de regard ni pour les montagnes bleutées au loin, ni pour le cours d'eau qui amenait l'eau des collines jusqu'aux bassins du jardin, ni pour les manguiers dont les bourgeons pointus parsemaient d'écarlate les masses sombres de leur feuillage. Nala absorbé en lui-même, le regard perdu, seul, marchait sans rien voir. Il cherchait à se rappeler un rêve. Un rêve qui s'était enfui, lui laissant seulement, tel un lambeau de vêtement qui reste dans la main, une image. Pas même une image – la trace presque effacée d'une forme évanouie. Il lui semblait que c'était un visage – dont les traits flottant dans l'espace étaient à peine visibles, et qui pourtant le bouleversaient jusqu'aux tréfonds de son âme. Et puis, mêlé à ce visage n'y avait-il pas quelque chose d'autre, un nom peut-être, quelques syllabes muettes dont la douceur lui faisait battre le cœur à tout rompre ?

Le soleil se faisait plus chaud maintenant. Le roi alla s'asseoir près du bassin aux lotus. Il n'avait pas envie de rentrer dans son palais ni de donner audience à ses ministres comme il aurait dû le faire. Pas encore. Il lui fallait rester seul encore un peu, rester avec ce rêve. Ses yeux se perdaient dans l'immensité du ciel d'un bleu intense.

Soudain son regard fut attiré par une blancheur d'un éclat insolite qui fendait l'azur. Se rapprochant, ce nuage étrange strié d'or se transforma peu à peu en un vol d'aigrettes majestueusement alignées et dont chaque coup d'aile semblait déverser une merveilleuse pluie d'or et d'argent. Les oiseaux s'abattirent ensemble sur le petit cours d'eau, le revêtant d'un tapis tout frissonnant.

Émerveillé par la beauté de ces créatures, Nala courut vers elles et attrapa une aigrette. Il la regarda avec ravissement ; son cou gracieux s'inclina vers lui et sa tête vint lui frôler l'oreille. « Ô, roi, dit l'oiseau avec une voix humaine, ne me fais pas de mal. Je vais faire quelque chose pour toi dont tu me seras reconnaissant à jamais. Je te parlerai de la princesse Damayanti, fille du roi Bhima, de sa beauté sans pareille dans les trois mondes, de son visage plus doux et plus brillant que la lune, de ses yeux

immenses, de la splendeur de sa chevelure noire. Je
te dirai la grâce divine de sa démarche, je te dirai
comme il n'y eut jamais princesse plus ferme sur
la grande Loi. Lâche-moi et j'irai la trouver, je lui
vanterai le roi Nala de telle sorte qu'elle ne pensera
plus qu'à lui jour et nuit. »

Le roi ouvrit les mains et libéra l'oiseau. Les aigrettes
s'envolèrent à tire-d'aile dans la direction du pays
de Vidarbha où régnait le roi Bhima. Arrivées au-
dessus de la cité, elles aperçurent Damayanti dans
les jardins du palais, qui se promenait entourée de
ses nombreuses suivantes, se détachant du groupe
comme la lumière d'un éclair sur un nuage sombre.

Aussitôt que les oiseaux aux ailes dorées se
posèrent, enchantées toutes les jeunes filles se
mirent à s'égayer en courant après eux comme des
enfants. Damayanti fut envahie d'une immense
joie à la vue de ces créatures étranges. Mais celle
qu'elle essayait d'attraper, fuyant devant elle, fit en
sorte de la mener dans un coin isolé du jardin, et
puis s'adressa à la princesse avec cette voix humaine
que Nala avait entendue : « O la plus désirable des

femmes, écoute : il est un roi dont nul dieu, demi-
dieu ou musicien céleste n'égale la beauté, un roi
plus resplendissant que Kama, le dieu de l'Amour.
Son nom est Nala, roi de Nishad. Il est dans l'ordre
des choses que sa beauté incomparable s'unisse à la
tienne, tels deux joyaux qui s'unissent pour former
une couronne. » Immobile et recueillie, la jeune
fille avait écouté ces mots comme si elle essayait
d'entendre le battement de son propre cœur. Puis
elle sourit et répondit : « Mon bel oiseau, va ! Va
trouver Nala. Répète-lui ce que tu m'as dit. »

Les oiseaux s'envolèrent et repartirent dans la
direction du pays de Nishad.

À partir de ce moment-là, ses suivantes remar-
quèrent un grand changement chez la princesse.
Plus de jeux, plus de rires, plus de promenades
insouciantes. Damayanti n'avait de goût à rien.
Indifférente à toute chose elle errait seule dans les
allées des jardins en soupirant, les yeux tournés vers
le ciel, en proie à un mal inconnu. Ses suivantes
remarquaient sa pâleur, sa minceur extrême, son
air égaré, elles s'alarmaient. À quoi était due cette

langueur? La jeune fille serait-elle atteinte d'une maladie quelconque? Ses amies résolurent d'aller voir le roi Bhima pour lui faire part de leurs inquiétudes quant à la santé de sa fille.

Le roi était perplexe. Quelle était la raison de cette affliction soudaine? Se pouvait-il que Damayanti fût malade? Mais comme il avait du bon sens, il réfléchit que sa fille arrivait à l'âge où l'on marie les filles et que c'était le moment d'organiser un *swayamvar*, cérémonie au cours de laquelle la jeune fille devait choisir son époux parmi les prétendants assemblés.

Aussitôt dit aussitôt fait. Il lança des invitations aux quatre coins du pays, invitant tous les rois du voisinage à venir participer à cette cérémonie. La beauté de Damayanti était si célèbre que nul ne voulut manquer cette occasion. De magnifiques cortèges s'ébranlèrent de toutes parts; c'étaient des chariots superbement décorés, des chevaux qui caracolaient, des éléphants sur lesquels se balançaient de jeunes princes dans des atours somptueux au milieu de milliers de soldats, de courtisans, de musiciens, et tous convergeaient vers la capitale de Vidarbha dans un grand tumulte de roulements de tambours, de barrissements et de sons de trompette.

Le bruit du swayamvar imminent de la femme réputée la plus belle des trois mondes était aussi parvenu jusqu'aux oreilles des dieux. Et il ne fallut pas longtemps à Indra, Agni, Varuna et Yama pour décider que chacun d'entre eux essaierait d'obtenir la main de Damayanti. Ils se mirent donc en route dans leurs chariots aériens dans la direction de Vidarbha. Soudain voilà qu'ils aperçurent cheminant en dessous d'eux un prince, Nala, dont la beauté exceptionnelle et l'air de droiture, la majesté et l'harmonie de son maintien les frappa. Le voyant, instantanément ils abandonnèrent leur intention initiale. Cependant, il faut le savoir, les dieux aiment mettre les humains à l'épreuve. Ils firent donc atterrir leurs chariots à côté du jeune homme et Indra s'adressa à lui en ces termes : « Ô, Nala, tu sembles une personne de confiance. Promets-tu de nous rendre un service et d'être notre messager ? » Le roi, voyant devant lui ces quatre êtres de lumière, répondit sans hésiter : « Mais oui, je le ferai, je vous promets. Qui êtes-vous donc ? »

– « Nous sommes des habitants du ciel. Nous allons assister au swayamvar de Damayanti. Nous voulons que tu ailles trouver la princesse et que tu lui dises de choisir l'un de nous comme époux. Nous quatre, Indra le roi des dieux, Agni le dieu du feu, Varuna le seigneur des eaux et Yama le maître de la mort, sommes prétendants à sa main.

– Mais comment serait-ce possible ? répondit le jeune homme. J'aspire moi-même à m'unir avec la princesse, je lui ai déjà donné mon cœur. Je vous en supplie, ajouta-t-il les mains jointes, dispensez-moi de cette mission !

– Quoi ? Tu manquerais à ta parole ? Tu oserais ?

– Mais, essaya d'objecter Nala, je ne pourrai jamais entrer dans un palais si bien gardé ni parvenir jusqu'aux appartements des femmes ! Qui me laissera passer ?

– Ne t'inquiète pas, nous ferons en sorte que tu pénètres dans le palais sans être détecté.

– Qu'il soit fait selon votre volonté», s'inclina le roi.

Les quatre dieux remontèrent dans leurs chariots et c'est ainsi que Nala, parfaitement invisible aux yeux des gardes, entra dans le palais du roi Bhima. Toutes les portes s'ouvraient devant lui.

Les compagnes de Damayanti voyant cet homme inconnu pénétrer dans leurs appartements, fascinées par sa beauté, interdites et muettes, se demandaient si c'était un être céleste. Lui n'avait d'yeux que pour Damayanti. La vue de ses tresses noires, de son visage plus brillant et plus doux que la lune le bouleversa, un flot de désir et d'amour faillit le submerger, mais fidèle à sa mission il renferma toute émotion en lui-même.

Au grand étonnement de ses amies, Damayanti ne se montrait nullement intimidée. Elle regarda le nouvel arrivant calmement, droit dans les yeux, puis avec une tranquille audace dont personne ne l'aurait cru capable, elle lui demanda: «Qui es-tu? Ta beauté singulière éveille l'amour. Comment es-tu entré ici? Le roi Bhima ne plaisante pas avec les intrus et il les punit sévèrement. »

– Je m'appelle Nala. Quatre dieux m'ont choisi pour messager. Ils prétendent à ta main et m'ont envoyé ici pour te demander de choisir l'un d'entre eux. C'est grâce à eux que j'ai pu entrer sans être arrêté.

Damayanti sourit: «Je respecte les dieux, mais beau prince – et sa voix se fit plus grave – je suis tienne depuis que m'a parlé l'oiseau aux ailes d'or. De ce jour mon cœur brûle, et c'est toi qui dois m'épouser. Le swayamvar n'est organisé que pour toi. Si tu me rejettes, je recourrai au poison, à la corde, au feu ou à l'eau, mais je ne resterai pas vivante. » Et dans les grands yeux noirs de la jeune fille passaient des éclairs farouches.

– J'ai promis aux dieux de m'acquitter de ma mission, comment pourrais-je les trahir en agissant pour moi-même? Et qui suis-je en comparaison de ces puissances célestes? Tu pourras obtenir d'eux tout ce que tu désireras, penses-y! Pense à Agni qui peut avaler dans ses flammes le monde entier, pense à Yama si redouté de toutes les créatures, pense à Indra le vainqueur des dieux et des démons, pense à Varuna, le maître des eaux… » et Nala parlait et parlait, s'efforçant, même si le cœur n'y était pas, de décrire tant bien que mal les pouvoirs de chaque dieu… Puis il s'arrêta brusquement réalisant que Damayanti était en larmes.

D'une voix tremblante elle répéta : « Je t'ai dit la vérité : c'est toi que j'ai choisi comme époux. »

« Mais si je désobéissais aux dieux, reprit-il, et manquais à ma promesse, ne me puniraient-ils pas ? Il est dangereux de les contrarier, penses-y, j'ai besoin aussi que tu me protèges. »

À ces mots Damayanti, ses beaux yeux encore humides, releva la tête avec un sourire espiègle de petite fille : « Pour cela, ne t'inquiète pas, je trouverai le moyen de te choisir sans les offenser, viens à mon swayamvar ; que les dieux y viennent aussi, je me déclarerai publiquement et personne ne trouvera à y redire. »

Nala repartit comme il était venu, sans être intercepté par quiconque. Il rapporta aux dieux sa conversation avec Damayanti et leur dit de venir tous les quatre au swayamvar.

Le matin arriva où devait se tenir la cérémonie. Tous les princes, déjà amoureux de la belle Damayanti, arrivaient en foule dans le grand pavillon aux piliers d'or, et à les voir passer sous les arches ornementées, on aurait dit des lions pénétrant l'un après l'autre à pas lents dans une grotte de la montagne. Tous s'assirent, resplendissants de leurs colliers de fleurs et de l'éclat des boucles d'oreille en diamant encadrant leur visage. Des trompettes sonnèrent annonçant l'arrivée de Damayanti. Le silence se fit. Les princes ne la quittaient pas des yeux. Les hérauts annoncèrent le nom, le titre et les exploits de chaque prétendant.

La jeune fille cherchait à retrouver Nala parmi toute l'assemblée. Chaque roi sur lequel passait son regard retenait son souffle. Tout à coup elle se figea. Elle avait aperçu Nala. La guirlande à la main elle se dirigeait vers lui quand elle découvrit, assis à ses côtés, quatre autres Nala. Devant elle se trouvaient cinq hommes identiques ayant l'apparence de Nala! La princesse de Vidarbha s'arrêta net. Elle les dévisagea l'un après l'autre: pas la moindre différence! Comment être sûre de donner la guirlande à celui qu'elle aimait? Elle réfléchit rapidement et calmement: les quatre dieux dont m'a parlé Nala auront pris son apparence pour m'embrouiller. Bien. À quoi reconnaît-on des dieux? Elle avait entendu les anciens décrire les êtres célestes, et elle savait que Yama par exemple tient toujours un nœud coulant dans sa main et qu'Agni a une chevelure de feu, oui, elle le savait bien, mais ici il n'y avait pas le moindre détail caractérisant l'un ou l'autre de ces dieux. Elle comprit alors que la seule voie offerte à elle était de s'adresser directement aux dieux. Elle joignit les mains en signe de respect et prononça ces mots d'une voix claire et solennelle qui résonna dans toute l'assemblée:

« S'il est vrai qu'après avoir écouté l'oiseau aux ailes d'or, j'ai choisi Nala comme époux, alors par la force de cette vérité que les dieux me le désignent. »

« S'il est vrai qu'en paroles, en esprit et en actes je n'ai jamais manqué à la grande Loi du dharma, alors, par la force de cette vérité que les dieux me le désignent. »

« S'il est vrai que j'ai juré de n'appartenir qu'au roi Nala, alors, par la force de cette vérité que les dieux me le désignent. »

« S'il est vrai que les dieux ont déjà décidé que mon époux serait Nala, alors, par la force de cette vérité que les dieux me le désignent. »

« Je prie les Gardiens du monde de me révéler leur vrai visage, de sorte que je puisse reconnaître mon seigneur. »

Vaincus par la dévotion de la princesse, sa résolution inflexible, la clarté de son intelligence, la pureté de son amour, les dieux ne purent qu'accéder à sa demande et ils lui révélèrent les signes par lesquels elle pouvait distinguer l'homme des êtres immortels.

Et ce qu'elle n'avait pas vu auparavant, elle le vit :

Nulle transpiration sur le front, des yeux qui ne cillaient jamais, autour du cou des guirlandes fraîches comme si les fleurs venaient d'être cueillies, des vêtements immaculés sans le moindre grain de poussière, des pieds qui ne touchaient pas terre, aucune ombre projetée derrière eux – voilà les immortels! Mais sur les cinq, il y en avait un dont on distinguait l'ombre, dont la guirlande était en train de se faner, sur le front duquel on voyait perler quelques gouttes de transpiration, dont les pieds étaient solidement posés par terre et dont les yeux cillaient régulièrement. Voilà le mortel, voilà le roi de Nishad!

Damayanti s'approcha de lui. Soudainement timide et rougissant un peu, elle lui passa autour du cou une guirlande de fleurs puis saisit le liseré de sa tunique. Le choix était fait. «Bravo, bien, bravo!», les princes et les rois émerveillés de ce qui s'était passé devant eux acclamaient le couple.

Nala s'adressa à la jeune fille: «Dame au sourire très pur, toi qui as préféré un simple mortel comme moi aux Gardiens du monde, à cet amour

inouï je répondrai en jurant que je n'aurai jamais
d'autre but que de te servir. Aussi longtemps que
je vivrai, je serai à toi seule, j'en fais le serment.»
Les deux fiancés, le cœur débordant de joie,
saluèrent intérieurement le Feu incarné devant
eux, accompagné des trois autres divinités, et se
placèrent sous sa protection.

Les immortels, heureux du choix de Damayanti
firent quatre promesses à Nala. Indra lui promit
qu'il lui apparaîtrait à chaque sacrifice rituel qu'il
ferait, Agni lui donna la capacité de faire jaillir le
feu à volonté, Yama lui dit qu'il aurait le don de
cuisiner des plats toujours délicieux, et le roi des
eaux Varuna lui assura que sur lui les guirlandes de
fleurs resteraient fraîches et odorantes comme au
premier jour.

Puis les dieux quittèrent Vidarbha dans leurs
chariots aériens. Les princes venus assister au
swayamvar repartirent aussi dans leur capitale,
comblés d'avoir pu assister à de tels prodiges. Le
père de Damayanti ne tarda pas à faire célébrer
le mariage. Obéissant à la tradition le couple

resta quelque temps chez lui puis lui demanda la permission de prendre congé, et finalement se mit en route pour le royaume de Nishad.

***

Le temps passa. Nala était un roi juste dont le souci était de faire le bien de son peuple, d'unifier le royaume et de respecter en tout temps la grande Loi du dharma. Il savait que tout ce qui existe dans le monde appartient aux dieux et que de jouir de cette création sans leur faire d'offrandes en retour est en vérité semblable à l'action d'un voleur. Donc Damayanti et lui jouissaient d'un bonheur sans mélange, sans jamais oublier d'honorer les dieux. Deux enfants leur naquirent, un garçon Indrasen et une fille Indrasena.

***

Il faut maintenant revenir un peu en arrière dans notre histoire au moment où les dieux rentraient chez eux après la cérémonie du swayamvar. Sur le chemin ils rencontrèrent Kaliyuga, le seigneur de l'Obscurité, et son comparse Dwapara, le dieu du crépuscule, qui cheminaient en direction du royaume de Vidharbha. Indra les interpella : « Où allez-vous donc ? »

« O Indra, je vais assister au swayamvar de Damayanti, car j'ai décidé de la prendre pour épouse. »

Indra éclata de rire : « Mais le swayamvar est terminé ! Nous y étions, et devant nous Damayanti a fait son choix. Elle a choisi le roi Nala ! »

La colère de Kali fut immédiate : « Comment ? Damayanti a osé préférer un homme à des immortels ? Mais c'est un choix qui doit être puni sévèrement ! »

Les dieux lui expliquèrent qu'ils avaient donné leur permission : « Un prince qui est fidèle à sa parole, qui honore les dieux, qui possède la connaissance contenue dans les quatre Vedas, et même dans le cinquième qui est l'Histoire, qui obéit à la grande loi du Dharma, un être pur qui a toujours respecté son devoir envers les dieux et envers les hommes, un prince doté de toutes les qualités de patience, d'endurance, de calme, de maîtrise de soi, de force intérieure, un homme dont la beauté égale celle des dieux, quelle femme ne le choisirait pas ? En vérité celui qui le maudirait verrait cette malédiction se retourner contre lui et courrait à sa perte. »

Ayant ainsi parlé, les dieux repartirent.

Furieux Kali se tourna vers Dwapara : « Ah, si c'est comme cela je me vengerai ! Je m'introduirai à l'intérieur de Nala, je le détruirai, je lui retirerai son royaume, je lui enlèverai Damayanti et tout son bonheur. Et toi Dwapara, tu dois m'aider ! ajouta-t-il en sifflant, je veux que tu pénètres à l'intérieur du jeu de dés. » Ayant décidé d'une stratégie les deux compagnons se dirigèrent vers la capitale du royaume de Nala.

Là ils s'embusquèrent et attendirent. Pour que Kali puisse pénétrer à l'intérieur du roi, il lui fallait trouver une ouverture, une brèche, une faille quelconque. Or la pureté de Nala le protégeait et créait autour de lui un rempart infranchissable.

Kali attendit douze ans.

Un soir enfin, l'occasion se présenta. Avant de s'asseoir pour faire ses prières, Nala s'était, suivant les rites, lavé les mains et le visage.

Il avait oublié de se laver les pieds.

Instantanément Kali profitant de ce passage se faufila par les pieds à l'intérieur du roi.

Puis, revêtant une forme différente il alla trouver Pushkar, le frère de Nala, et lui dit ceci : « Va jouer aux dés avec le roi. Avec moi à tes côtés, tu es sûr de gagner et tu deviendras le maître du royaume. »

Pushkar accepta. Accompagné d'un Kali invisible il alla trouver son frère, lui proposant avec insistance de jouer aux dés avec lui selon les règles. Nala ne put résister à l'invitation de Pushkar.

Ce fut le début de cette interminable, légendaire et désastreuse partie de dés qui dura des mois et des mois.

Nala perdait toujours – or, argent, bijoux, chevaux, chars, palais, vêtements précieux – tous ses biens étaient l'un après l'autre mis en gage et perdus.

Tout disparaissait peu à peu, englouti par les dés. Oublieux de la foule de ses sujets qui, inquiets des rumeurs alarmantes circulant dans la ville, se pressait aux portes du palais, ignorant ses ministres qui demandaient à le voir et ses amis qui tentaient de l'arrêter, n'écoutant même plus sa femme bien-aimée, en homme possédé, sourd et aveugle Nala ne quittait plus la table de jeu. Combien de fois Damayanti était-elle venue l'avertir de ce qui se passait dans la ville et l'implorer de recevoir ses ministres, combien de fois avait-elle répété les mêmes supplications – le roi entièrement manipulé par Kali ne lui répondait même pas. Les habitants de la ville, en pleurs, repartirent chez eux, certains de l'imminence de la catastrophe.

Les jours passaient, les nuits passaient, et on venait régulièrement rapporter à la reine que Nala ne cessait de lancer les dés et ne cessait de perdre.

Damayanti avait compris que le roi n'était plus lui-même, qu'obsédé par le jeu il était comme fou. Sagement elle réfléchit à ce qui lui était possible de faire. Elle qui avait ce don de reconnaître le

moment juste et l'endroit juste pour agir, elle sut
qu'elle n'avait plus un moment à perdre. Elle fit
appeler le fidèle cocher de Nala, Varshneya, et
s'adressa à lui avec une grande douceur : « Tu sais
combien le roi était bon pour toi. Aujourd'hui, à
l'heure d'un grand danger, tu dois l'aider. Il n'écoute
plus personne, et plus il perd plus il s'obstine. Je ne
lui en veux pas, il n'est plus maître de lui-même,
il est ensorcelé. Mais avant que le roi ne perde sa
couronne, ce qui est inévitable, j'ai besoin de toi.
Va atteler les chevaux préférés de mon seigneur, les
seuls qui restent, va chercher nos deux enfants et
emmène-les à Kundinapur. Laisse-les, ainsi que les
chevaux et le chariot, aux bons soins de ma famille.
Quant à toi, une fois ta mission accomplie, tu peux
rester là-bas ou aller ailleurs, fais ce qui te paraît
le mieux. » Le cocher avertit les ministres de la
décision de la reine ; puis sans tarder, il attela les
chevaux, fit monter les deux enfants dans le char et
couvrit rapidement la longue distance qui séparait
le royaume de Nishad de celui de Vidarbha. Arrivé
là, une fois les enfants en sécurité, il expliqua au
roi Bhima le grand malheur qui avait frappé son

gendre, et après s'être assuré que les chevaux et le chariot étaient en de bonnes mains, il se dirigea vers Ayodhya dont il avait entendu dire que le souverain Rituparna avait besoin d'un cocher.

Dans la capitale des Nishad, le jeu infernal arrivait en bout de course. Le royaume était perdu, il n'y avait dorénavant plus rien à jouer. Alors l'arrogant Pushkar éclata de rire : « Tu veux continuer ? Mais avec quoi ? Tu n'as plus rien, tout est à moi ! Ah, si ! La seule chose qui te reste c'est Damayanti. Allez, lance les dés et qu'elle soit ton dernier enjeu ! C'est ta dernière chance ! »

À ces mots, Nala releva la tête. Il regarda longuement son frère en silence. Puis il se leva, retira un à un tous ses ornements, enleva le vêtement qui lui couvrait le haut du corps, et sans un mot, vêtu seulement d'un long pagne, les mains vides, seul, il sortit du palais laissant derrière lui son immense richesse. Au moment où elle apprit la nouvelle, Damayanti n'était encore vêtue que d'un seul voile. Malgré cela elle quitta ses appartements instantanément et rejoignit son époux.

Pendant trois jours et trois nuits, ils errèrent à l'extérieur de la ville. Le nouveau roi avait fait battre les tambours, proclamant que quiconque prêterait assistance à Nala serait mis à mort. Personne n'osa lui donner l'hospitalité.

Alors Nala suivi de Damayanti s'éloigna. La faim et la soif commencèrent à les torturer, malgré les quelques racines ou fruits qu'ils pouvaient récolter sur leur chemin. Un jour Nala aperçut, qui s'étaient posés non loin, des oiseaux dont les ailes semblaient dorées. Il voulut immédiatement les attraper songeant qu'ils allaient lui servir de repas et que l'or des ailes lui serait utile. Il retira son pagne et s'en servant comme d'un filet le jeta par-dessus les oiseaux. Hélas, ceux-ci s'envolèrent à tire d'aile emportant avec eux dans les airs le vêtement de Nala. Le roi de ces oiseaux s'adressa alors en ricanant au prince honteux et confus : « Roi écervelé ! Nous ne sommes pas des créatures ailées. Nous sommes les dés et nous n'avons pas aimé qu'il te reste encore ce pagne. Nous sommes venus pour te le retirer. »

Se voyant la risée de ces dés cruels, nu et misérable Nala se tourna vers Damayanti : « Ma douce reine, il n'y a rien à manger ni à boire, toutes les portes me sont fermées et maintenant voici les dés qui ont revêtu l'apparence d'oiseaux pour me voler mon pagne. J'ai l'esprit troublé par l'excès de malheur. Alors écoute-moi, moi qui suis ton époux, ce que je vais te dire est pour ton bien », et dans un état d'extrême agitation il ajouta : « à partir d'ici il y a plusieurs chemins qui mènent vers le sud. L'un d'eux traverse les collines de Riskshavan et va jusqu'au royaume d'Avanti. Un autre conduit au pays de Kosala. Un autre encore traverse ces montagnes Vindhya que tu aperçois au loin, et mène au fleuve Payoshni qui coule vers la mer. Sur ses rives se trouvent des ashrams avec de beaux vergers pleins de fruits. Ce chemin-là est le chemin qui mène au royaume de Vidarbha. » Nala répétait, si nerveusement qu'il en bégayait presque : « Regarde, ce chemin-là va vers le sud, il va vers ce fleuve Payoshni qui traverse le pays de Vidarbha, regarde bien », sans se rendre compte que le visage de Damayanti était inondé de larmes. Elle objecta d'une voix tremblante : «Mon seigneur, vous écoutant et vous voyant si angoissé, le cœur me manque. Vous avez faim et soif, vous êtes épuisé, vous n'avez plus ni vêtement, ni demeure, ni royaume et vous voudriez que je vous laisse seul dans cette forêt ? Mais comment ne pourrais-je être à vos côtés pour vous consoler, pour vous aider ? Vous savez bien que nul ne peut soulager la douleur comme le fait une femme. »

« Belle Damayanti, tu dis vrai, tu dis vrai. Pour un homme en détresse il n'est d'ami tel que sa femme. Ne t'inquiète pas ma douce, je n'ai aucune intention de t'abandonner, je t'assure que je quitterais mon corps plutôt que de te quitter.

— Mais alors prince, insista Damayanti, si vous ne voulez pas vous en aller, pourquoi donc m'indiquer la route qui mène au royaume de mon père ? Vous affirmez n'avoir aucune intention de me quitter et je le crois, mais je sais que quelque chose tire puissamment votre esprit d'un autre côté et je ne pense pas que vous puissiez y résister. D'ailleurs, mon seigneur, si vous trouvez qu'il est souhaitable pour moi d'aller chez mon père, alors allons-y tous les deux. Il nous accueillera à bras ouverts.

– Il est vrai, bien-aimée, que le roi Bhima est pour moi comme un père, néanmoins je ne veux pas aller chez lui dans cette terrible situation. J'étais roi, moi aussi, naguère, et quand je me suis rendu chez lui c'était pour obtenir ta main et te rendre heureuse. Aujourd'hui que j'ai tout perdu et que je ne puis que faire ton malheur, comment pourrais-je le regarder en face?»

Les deux amants s'étaient arrangés pour que le grand voile de Damayanti recouvre aussi la nudité de Nala. Ainsi partageant cet unique vêtement, ils allaient ici et là en titubant, ivres de faim, de soif et de fatigue. Ils arrivèrent devant un de ces petits pavillons érigés sur les chemins pour offrir une halte aux pèlerins. Ils y entrèrent et à moitié-nus, sales, s'écroulèrent sur le sol. Brisée par la fatigue, Damayanti s'endormit aussitôt. Nala ne put trouver le sommeil, il repassait dans sa tête tous les événements des derniers jours, la perte de son royaume, de ses amis et de ses

richesses. Son esprit était un champ de bataille
confus, bruyant, trépidant, où des questions
tournaient, s'entrechoquaient et le harcelaient
impitoyablement. « Que dois-je faire, que ne dois-
je pas faire ? Comment puis-je abandonner cette
femme au milieu de la forêt ? Ne serait-ce pas mieux
de mourir que d'abandonner l'être qui m'est plus
cher que la vie ? » Et puis quelques instants plus
tard, cédant aux tiraillements de Kali, il changeait
d'intention : « C'est par ma faute que souffre cet
être ! Si je la laisse seule, elle pourra retrouver sa
famille et vivre confortablement alors que, en me
suivant fidèlement, elle traînera une vie misérable
et n'ira que de malheur en malheur. D'ailleurs elle
est si pure que personne n'osera porter la main sur
elle. » Et Nala se prépara à s'en aller. Mais comment
faire alors qu'il était nu ? Il fallait absolument qu'il
coupe en deux le voile recouvrant Damayanti, sans
la réveiller. Et le couper avec quoi ? C'est alors que
Kali, qui veille à tout et met sur le chemin de ses
victimes tout ce qui est nécessaire pour les faire
dévier, fit apparaître une épée comme par magie
dans un coin du *dharamshala*. Nala la vit, s'en

saisit, coupa le voile en deux, s'enveloppa de la
moitié, et s'éloigna rapidement. Arrivé à quelque
distance, il fit tout d'un coup demi-tour, revint
vers elle et la contemplant endormie, sa chevelure
dénouée se répandant sur le sol, se mit à pleurer:
«Voilà la femme admirable dont la beauté et la
noblesse étaient admirées par les dieux, qui m'a
préféré aux êtres immortels; la voilà couchée par
terre dans la poussière, les cheveux souillés, ma
belle Damayanti au sourire si pur. Que dira-t-
elle quand elle se réveillera et ne me trouvera pas
à ses côtés? Comment fera-t-elle face aux dangers
innombrables?» Puis il se reprit: «Mais assez
d'hésitations, courage, c'est pour son bien. Il faut
que je m'en aille et je sais qu'elle est protégée par
la grande Loi du dharma.» Se répétant ces mots,
l'esprit embrouillé, ajustant tant bien que mal le
tissu déchiré autour de ses reins, il partit, revint,
partit de nouveau – revint encore comme si la corde
d'une balançoire le tirait alternativement d'un côté
et de l'autre, – puis disparut finalement comme un
fou dans les profondeurs de la forêt.

***

Damayanti ouvrit les yeux. Sa fatigue s'était dissipée. Elle sursauta : Nala n'était pas là ! Seule – elle était seule dans l'immensité de la forêt dont on percevait la rumeur sourde et inquiétante. «Mon prince, où êtes-vous ?» appela-t-elle d'une voix forte. Aucune réponse.

Elle comprit immédiatement. Alors toute sa peine, tout son amour, se déversèrent en un flot de paroles entrecoupées de sanglots : «Ah, pourquoi m'as-tu abandonnée ? Mon Seigneur, mon roi, mon protecteur ! Seule dans cette forêt sauvage ! Ce n'est pas vrai ! Vous n'auriez pas pu manquer à votre promesse et me quitter pendant mon sommeil ! Mon prince adoré, est-ce que je vous ai jamais fait de mal ? Est-ce que je n'ai pas toujours été une épouse aimante ? Alors pourquoi m'avez-vous quittée ? Est-ce que tu ne te souviens pas de ce que tu as juré devant les dieux le jour du swayamvar ? Comment pourrais-je vivre quelques minutes sans toi ?

«Mais mon aimé, tu as assez joué avec moi, ça suffit ! Je t'assure, je n'ai pas envie de plaisanter, j'ai peur ! Ah, je te vois, oui je te vois, caché derrière ces grandes lianes! Parle-moi! Vois comme j'ai peur, rassure-moi, ton jeu cruel a assez duré!

«Comment est-ce possible que je pleure et que tu ne sois pas là pour me consoler, tu es méchant!

Oh non, je ne m'en fais pas pour moi, pas du tout, c'est pour toi que je m'inquiète, c'est pour toi que je pleure. Comment feras-tu quand ce soir, affamé et épuisé, angoissé, tu te coucheras sous un arbre sans que je sois étendue à côté de toi?»

Damayanti courait ici et là, trébuchant parfois, tombant souvent, se relevant, cherchant Nala et l'appelant à grands cris: «Ah, mon prince, ah mon roi!» Parfois terrifiée, ou bien la tête lui tournant par excès de douleur elle n'osait plus bouger. Brûlante de colère, elle s'adressait alors à l'auteur de ses maux: «Ah, celui par la malédiction de qui le roi Nala connaît malheur sur malheur, qu'il subisse des souffrances encore plus grandes que les nôtres! Celui qui a réduit le grand roi Nala à cet état misérable, qu'il vive une vie de misère encore plus terrible!»

Folle de douleur, comme un petit oiseau affolé séparé de sa moitié et dont les plaintes sont à la fois si pitoyables et si douces, elle ne savait que faire, où aller, où chercher dans cette grande forêt peuplée d'animaux sauvages.

À quelque distance de là, un énorme boa lové sur lui-même, immobile, affamé, attendait que dans sa course éperdue et aveugle la princesse s'approche de lui. Dès qu'elle fut à sa portée, il se détendit d'un coup et l'attrapa par les pieds. Renversée, bousculée, étouffée par l'animal, Damayanti continuait à s'adresser à Nala : «Ah, mon seigneur, un énorme serpent va m'avaler, pourquoi n'êtes-vous pas là pour me protéger? Ah, bien-aimé, lion parmi les rois, si je disparais, quand vous aurez retrouvé vos esprits, votre royaume et votre richesse, que deviendrez-vous sans moi pour effacer la fatigue et la tristesse de votre front?»

Le boa allait l'engloutir peu à peu quand un chasseur qui passait non loin entendit les gémissements de Damayanti et s'approcha vivement. Voyant une jeune femme aux yeux

immenses étreinte par les anneaux d'un serpent, il
tira son grand couteau et d'un seul coup trancha
la tête de l'animal. Puis libérant Damayanti, il lui
donna de l'eau et de la nourriture. «Qui êtes-vous,
s'enquit-il, belle dame aux yeux de gazelle? Qui est
votre époux et pourquoi vous trouvez-vous toute
seule dans cette forêt profonde? À la suite de quel
malheur?» Damayanti s'expliqua. En même temps
qu'il l'écoutait, le chasseur l'observait : le voile
déchiré qui revêtait cette femme laissait deviner
la rondeur de ses hanches, le beau galbe de sa
poitrine ; son visage lumineux évoquait la pleine
lune, ses yeux étaient comme crayonnés de longs
cils recourbés ; ses cheveux dénoués, ses larmes
ajoutaient encore à la grâce de son corps – le
chasseur se sentit brusquement envahi de désir.
Tentant de l'amadouer il lui répondit avec des
mots doucereux et caressants et esquissa un geste
vers elle. Damayanti sentit instantanément sa
concupiscence, elle qui était inviolable. Se dressant
de toute sa hauteur telle une flamme qui jaillit,
frémissante de colère et de douleur, sachant que le
temps pour la parole et la persuasion était passé,
elle le maudit :

« S'il est vrai que je n'ai jamais eu d'yeux que pour le roi de Nishad, alors par la force de cette vérité que périsse ce misérable chasseur ! »

Elle avait à peine prononcé ces mots que l'homme tomba par terre sans vie, tel, frappé par la foudre, un arbre calciné qui s'abat.

La princesse s'enfonça un peu plus dans cette forêt redoutable, résonnant de mille stridulations d'insectes. C'était une jungle peuplée de fauves, de tribus sauvages et de brigands. Lions, tigres, vautours, ours, bisons sauvages, panthères y vivaient parmi une incroyable variété de lianes et d'arbres monumentaux : des figuiers géants, des arbousiers, des arbres à l'écorce noire comme la nuit, des arbres dont les fleurs ressemblaient à des becs de perroquets, des arbres émettant une odeur âcre de résine, des arbres aux fruits énormes comme des tambours, aux feuilles aussi grandes que des boucliers. Elle allait, elle marchait, elle cherchait. Parfois elle contournait un étang, parfois elle longeait une rivière, parfois elle montait et redescendait une colline, parfois elle se sentait épiée par des fauves silencieux, parfois elle traversait de douces clairières où chantaient des oiseaux, parfois elle croisait des sangliers, des serpents, des êtres difformes comme des démons. Mais le seul mal qui lui étreignait la poitrine, son unique douleur, c'était l'absence de Nala, et indifférente au danger elle poursuivait obstinément sa route, seule, déterminée.

***

La princesse de Vidarbha, tout le corps douloureux de l'absence de l'aimé, s'adossa contre un rocher et de ses lèvres sortit une longue plainte continue comme un chant triste et tendre, comme une supplication mêlée de doux reproches :

« Mon époux bien-aimé, où es-tu, que fais-tu ? Toi qui as rendu tant d'hommages aux dieux, pourquoi ne m'as-tu pas dit la vérité ? Toi qui es le plus puissant des rois, héros aux larges épaules redouté de tes ennemis, rappelle-toi ce qu'en un autre temps t'avaient murmuré les oiseaux blancs au cou gracieux, rappelle-toi le message dont tu les avais chargés pour moi ! Souviens-toi de ce que tu

m'as juré devant les habitants du ciel! Comment
se peut-il que tu ne m'aies pas dit la vérité, toi qui
connais si intimement les quatre Vedas? Vois, ce
lion me regarde en ouvrant une gueule énorme, il
semble avoir faim, il est prêt à m'attaquer et toi,
tu devrais être là pour me défendre! Tu m'avais dit
que pour toi il n'existait d'autre femme que moi, et
pourtant tu m'as quittée, comment est-ce possible?
Vois dans quel état je suis. J'erre dans cette forêt, à
moitié nue, maigre, le visage griffé par les ronces,
les cheveux salis de terre et de feuilles, comme si je
n'avais aucun protecteur au monde – comme une
jeune antilope brutalement séparée de son troupeau.
Je t'appelle et tu ne réponds pas; mais tu ne me
vois donc pas, toute seule en haut de cette colline?
Où êtes-vous, mon prince? Et cette question:
'Avez-vous vu dans la forêt le roi Nala?' oh, à qui
puis-je la poser? De qui entendrai-je enfin ces mots
merveilleux: 'Oui, ce roi Nala, cet homme dont la
beauté égale celle des dieux, je l'ai vu'. Voici que le
lion s'approche de moi, mufle énorme tendu vers
moi, vois son pelage brillant et sa superbe crinière.
Allons lui demander: 'Ô, roi de la forêt, je suis la

fille du roi de Vidarbha, je m'appelle Damayanti, je suis l'épouse de Nala, le roi de Nishad, et je suis seule à le chercher dans cette immense forêt. Je t'en prie, si tu l'as vu, rassure-moi en me donnant de ses nouvelles. Autrement, ah, tu peux me dévorer, va ! M'ôter la vie, ce sera me libérer de ma souffrance.'

« Le noble animal s'éloigne lentement, il se dirige vers la rivière pour y boire…

« Alors maintenant c'est à cette montagne, couronnée de sommets brillants et de rochers rouge sombre, que je vais poser la même question. Elle domine la forêt comme un étendard, cette montagne peuplée d'animaux, bruyante de chants d'oiseaux, avec ses ruisseaux qui dégringolent joyeusement le long de ses flancs, avec les mille couleurs de ses arbres en fleurs ; je vais lui demander : 'O Montagne, o reine des Choses immobiles, support de la Terre, je te salue. Je suis la fille et la femme d'un roi, je m'appelle Damayanti. Mon père est le fameux roi Bhima qui règne sur Vidarbha. Mon époux est le roi Nala, le souverain le plus juste de la terre, le plus vertueux et le plus loyal. C'est un prince d'une beauté incomparable, d'une noble allure, il a des yeux en forme de pétales de lotus, oh, c'est un époux si aimant… Je le cherche partout. Je n'ai plus rien, ni demeure ni ami ni protecteur. C'est un déchirement que d'être séparée de mon aimé et je viens vers vous, telle votre fille, pour vous demander respectueusement : de vos sommets qui touchent le ciel, n'avez-vous pas aperçu le roi Nala dans cette forêt ? Oh, quand donc entendrai-je sa voix douce et grave, pareille à du nectar, quand donc entendrai-je, à moi adressés, ces mots adorables qui feront s'évanouir instantanément toute ma douleur : Princesse de Vidarbha !' »

La montagne se taisait.

La jeune femme alors se dirigea vers le nord. Après avoir marché trois jours et trois nuits, elle arriva dans un bois habité par des ascètes rayonnants de pureté, de douceur et d'intériorité. Certains d'entre eux se nourrissaient seulement d'eau, d'autres d'air, d'autres encore de feuilles, tous se concentrant sur la recherche du Divin. C'était un ashram ; ces yogis y vivaient vêtus d'écorce ou de peaux de bêtes et l'on pouvait apercevoir ici et là des chevreuils se promenant tranquillement. Damayanti éprouva un grand soulagement devant cette scène si paisible. Elle s'avança et se prosterna devant les yogis. «Bienvenue, lui dit un saint homme, viens, assieds-toi et dis-nous : que pouvons-nous faire pour toi ? Tu es si belle que nous nous demandons si tu es une simple mortelle, une déesse, une nymphe de la forêt, ou peut-être es-tu la divinité de cette rivière qui coule par ici ?» Damayanti les détrompa, non elle n'était qu'une mortelle à la recherche de son époux, un roi noble, respectueux de la grande loi du dharma, qui, trompé par un être vil et cupide avait perdu son royaume, elle s'appelait Damayanti et elle avait parcouru bien des lieux, vu bien des forêts, des rivières, des vallées et des montagnes sans retrouver son Nala bien-aimé. «Par hasard ne serait-il pas venu dans cet ashram, ne l'auriez-vous pas rencontré ? Si dans quelques jours je ne l'ai pas retrouvé, c'est sûr, je quitterai ce corps, et ce faisant je libérerai mon âme, car de vivre sans lui n'a aucun sens.» Ces yogis avaient acquis le pouvoir de voir la vérité. L'un d'entre eux s'adressa à Damayanti :

« Écoute-moi, belle princesse, notre discipline spirituelle nous permet de voir dans l'avenir et, sache-le, ton avenir est heureux, tu reverras ton époux, il retrouvera sa couronne, sa puissance et ses possessions. » À peine avait-il prononcé ces paroles qu'instantanément tous ces ascètes et l'ashram tout entier s'évanouirent comme une fumée qui se dissipe. « Ai-je rêvé ? Est-ce un tour de magie, où donc est passé cet ashram, ces yogis au regard si lumineux, cette rivière et ces arbres fruitiers, ces chevreuils ? » Damayanti resta comme étourdie pendant un long moment.

Cependant elle reprit sa marche. Elle ne se rendait même plus compte que son visage était constamment inondé de larmes. Elle passa devant un de ces arbres qu'on appelle « Ashoka », c'est-à-dire « sans chagrin ». Cet arbre était particulièrement magnifique, car c'était alors la saison de sa floraison. Ses branches croulaient sous le poids des grappes de fleurs rouge orangé qui faisaient comme des boules de feu à l'intérieur du feuillage sombre. « Qu'il est beau ! » se dit la jeune femme, puis, s'adressant directement à l'Ashoka : « Ô bel arbre ! Enlève-moi mon chagrin au plus vite. Dis-moi, as-tu vu passer le roi Nala, mon époux chéri, le roi de Nishad? On le reconnaît facilement, il est vêtu d'un tissu déchiré et son beau visage est d'un teint éclatant. Suite à un grand malheur, il a été forcé de s'exiler dans cette forêt. Ô, Ashoka, fais en sorte que je reparte d'ici sans chagrin: 'a-shoka' c'est 'celui qui enlève la douleur', alors sois fidèle à ton nom!» et Damayanti, les mains jointes, tourna autour de l'arbre en signe de respect.

L'arbre restait muet.

Elle repartit dans son errance. Un soir, elle arriva au bord d'un fleuve où campait une imposante caravane de marchands avec force chameaux, éléphants et chariots. C'était un large fleuve sur les berges duquel poussaient des roseaux et avaient fait leur nid des multitudes de hérons et autres oiseaux aquatiques. Damayanti se mêla à la foule nombreuse des caravaniers. Son voile déchiré et souillé de boue, ses cheveux défaits flottants sur ses épaules émaciées, son visage marqué par la souffrance, tout pouvait donner l'impression d'une folle. Certaines personnes prirent peur et s'enfuirent, d'autres s'exclamèrent bruyamment, d'autres encore lui lancèrent des quolibets. Quelques-uns au contraire la prirent en pitié et lui demandèrent qui elle était, ceux-là n'étaient pas entièrement sûrs qu'elle fût une mortelle et même, la prenant pour une divinité, la prièrent de bénir et de protéger leur caravane. Damayanti se présenta à eux et expliqua l'enchaînement des événements qui l'avait conduite à cette situation. Et bien sûr s'enquit de savoir si, au cours de leur voyage, ils n'avaient pas vu le roi Nala. Le chef de la caravane s'adressa à elle : « Princesse au sourire si pur, je n'ai vu personne répondant au nom de Nala. En fait je n'ai jamais vu dans cette forêt que des animaux sauvages tels que des buffles, des ours ou des vautours, c'est pourquoi nous sommes bénis par les dieux aujourd'hui de t'avoir rencontrée. » À la demande de Damayanti, il lui expliqua que la caravane allait se mettre en route vers le pays de Chedi où régnait le roi Subahu. Damayanti alors décida de se joindre au groupe.

Après des jours de marche, la caravane arriva au bord d'un grand lac, bordé d'arbres fruitiers et où on pouvait trouver du bois à volonté pour faire le feu. L'eau de ce lac était froide et pure. C'était le soir, animaux et hommes, tous étaient fatigués. La caravane décida de camper. Avec la permission du chef, ils s'installèrent sur la rive ouest du lac. Au milieu de la nuit, alors que tous dormaient profondément, un troupeau d'éléphants sauvages dont certains mâles étaient en rut descendit de leur colline pour aller s'abreuver dans le lac. Ces éléphants, énormes comme des montagnes, dévalaient la pente à une allure prodigieuse. Les éléphants domestiqués de la caravane, les groupes de gens endormis, les chariots avec les marchandises, toute la caravane bloquait leur passage habituel vers le lac. Furieux de cet obstacle, ils attaquèrent alors avec une violence terrible.

Ce fut une scène de chaos et d'horreur. Certains caravaniers furent piétinés par les éléphants, d'autres happés par leur trompe et jetés brutalement à terre, d'autres encore, à moitié endormis, s'enfuirent dans tous les sens, se bousculant les uns les autres dans l'obscurité, certains tentèrent de grimper aux arbres; des chameaux et des chevaux étaient éventrés, on entendait les cris de douleur des blessés… C'est ainsi que cette caravane magnifique fut complètement détruite. On entendait des cris : « Attention, par là tout a pris feu, attention! » ou bien : « Pourquoi t'enfuis-tu, il y a de ce côté des sacs de diamants, ils sont tout éparpillés, occupe-t'en! », ou bien : « Ah, mais toute cette richesse j'y ai droit moi aussi! »

C'est au milieu de cette panique que s'éveilla Damayanti. Elle ouvrait les yeux sur un spectacle inouï de massacre et de terreur auquel rien dans sa vie précédente ne l'avait préparée. Effarée, elle fut d'abord incapable de faire un geste. Puis elle se mit debout. Autour d'elle elle entendait ceux des caravaniers qui étaient encore vivants : « Mais pourquoi cette catastrophe nous est-elle arrivée? C'est le fruit de notre karma! Peut-être n'avons-nous pas rendu hommage comme il le fallait aux dieux? Kuber ou Ganesh nous en voudraient-ils? Ou bien serait-ce que nous n'avons pas vu les signes de mauvais augure? Il y a tout de même bien quelque chose qui s'est passé qui nous a amené ce désastre...» D'autres personnes, qui déploraient la mort de membres de leur famille, criaient leur colère: «C'est cette folle que nous avons recueillie hier! C'est elle! Cette femme d'une beauté si étrange et si funeste devait être une divinité malfaisante. Pas besoin de réfléchir longtemps pour voir que c'est elle qui a attiré ce malheur sur nous, elle s'est introduite parmi nous comme un démon pour nous détruire. Ah, si jamais on la retrouve, vrai, on la tuera par tous les moyens possibles.» Ces imprécations firent rougir de honte Damayanti, et elle s'enfuit dans les épaisseurs de la forêt.

Une fois à l'abri, elle considéra sa situation: «Pourquoi ma destinée est-elle si terrible, que me reprochent les dieux? Je ne me souviens pas d'avoir jamais manqué à la loi du dharma ni en paroles, ni en actes, ni en pensée. Et pourtant le sort s'acharne sans cesse contre moi, aurais-je commis un crime dans ma vie antérieure? Mon époux a perdu son royaume, j'ai été abandonnée, je suis séparée de mes enfants, j'ai failli être la proie de serpents et autres animaux cruels, mais pourquoi? Pourquoi?»

Le lendemain matin les survivants de la caravane passèrent non loin de Damayanti. Toujours cachée dans les fourrés, elle prêta l'oreille et elle entendit les lamentations de ceux qui pleuraient qui un père, qui un fils, qui un frère ou un ami. «Hélas, se dit-elle, je vais de malheur en malheur. Mais je sais que dans cette vie on ne rencontre ni bonheur ni malheur qui n'ait été voulu par Dieu. Or depuis l'enfance je n'ai rien fait qui puisse justifier ces désastres successifs. Peut-être que lorsque j'ai choisi Nala de préférence aux dieux, l'un d'entre eux s'est senti offensé et a voulu se venger.»

Quelques brahmanes versés dans les Vedas avaient échappé au massacre. Damayanti voyagea en leur compagnie et finalement arriva dans la magnifique capitale du roi de Chedi, Subahu.

Les habitants de la ville à leur grand étonnement virent passer dans la rue une femme vêtue d'un tissu informe maculé de boue, les cheveux sales et emmêlés flottant au vent, le visage gris de poussière où les larmes avaient creusé des rigoles. Ils la prirent pour une folle. Une foule de gamins moqueurs l'escortait en gambadant avec impertinence autour d'elle.

Damayanti passait devant les portes du palais.

Il se trouve que de sa fenêtre la reine mère l'aperçut. Elle appela une de ses suivantes : «Cette malheureuse femme se fait harceler de toutes parts par des curieux et de grossiers badauds. Elle a besoin de protection. Je ne sais pourquoi, mais j'ai le sentiment que sa beauté éclairera ma maison, va me la chercher. Elle a un air de démence, mais je perçois quelque chose d'autre dans ses grands yeux.» La suivante sortit, écarta les badauds et fit monter Damayanti dans l'appartement de sa maîtresse.

– «Dis-moi, belle inconnue, malgré ton état pitoyable ta beauté me frappe singulièrement. Elle me fait penser à un éclair illuminant des nuages sombres. Tu es resplendissante bien que tu ne portes aucun ornement, aucun bijou. Qui es-tu pour briller d'un éclat presque divin ? Une immortelle ?»

– «Noble Mère, non, je ne suis pas une immortelle.

Je suis une servante, je vis seule, je me nourris de racines et de baies sauvages, je dors où je peux. J'ai un époux que j'adore et à qui je suis fidèle, que j'ai toujours suivi comme son ombre. Il m'aime aussi d'un amour pur et constant. Malheureusement il se trouve qu'un jour il a accepté de jouer toutes ses possessions, qu'il a tout perdu et qu'il a été contraint de partir dans la forêt. Je l'ai suivi. Une nuit, je n'en connais pas la raison, il m'a quittée. Comme il avait perdu son vêtement, il a déchiré le mien pour se couvrir. Depuis ce jour-là, mon cœur brûle dans les tourments de la séparation et je le cherche. Mon aimé est doux comme un pétale de lotus et puissant comme un dieu, c'est le seigneur de ma vie ; j'ai eu beau chercher partout, je ne l'ai pas retrouvé. »

– « Reste ici avec moi, lui répondit la reine mère très émue. Je sens un grand élan qui me porte vers toi. Et puis j'enverrai mes gens se mettre à la recherche de ton mari. Qui sait, peut-être un jour ton époux passera-t-il par ici et tu le retrouveras…

– « Noble mère, je vivrai chez toi fort volontiers,

mais à certaines conditions : que je n'ai à toucher rien d'impur, que je ne sois obligée de me prosterner devant personne et que je ne doive jamais adresser la parole à un homme – et que celui qui osera me faire des avances soit puni par toi. Et puis cela ne sera qu'avec de sages brahmanes que je verrai comment faire rechercher mon époux. C'est un serment que j'ai fait et c'est seulement si je ne le viole pas que je peux rester ici. »

La reine mère, trouvant ce serment digne d'éloges, lui promit que ses conditions seraient respectées, puis appelant sa fille Sunanda, elle lui présenta Damayanti : « Voici, Sunanda, quelqu'un qui a la radiance d'une divinité et que tu peux prendre comme compagne. Vous avez le même âge, alors je suis sûre que vous vous entendrez très bien toutes les deux. » Sunanda accueillit Damayanti avec grande joie et l'emmena dans ses appartements. Elle veilla à ce que tous les arrangements pour son installation soient faits en accord avec elle et en respectant ses souhaits. Damayanti en conçut un grand soulagement.

***

Revenons au moment où le roi Nala, abandonnant son épouse endormie, s'était enfoncé dans la forêt. Il marcha pendant des jours et des nuits. Un jour il aperçut de grandes flammes qui s'élevaient à quelque distance. Au même moment il entendit une voix forte crier plusieurs fois : « Nala, au secours, au secours ! » Il n'hésita pas une seconde. Il se précipita vers l'endroit d'où venait ces appels et, réalisant qu'ils venaient de l'intérieur du feu, protégé par Agni il plongea dans les flammes. Se trouvait là, lové au cœur même du feu et aussi parfaitement immobile qu'un roc, un énorme serpent royal. L'air suppliant il s'adressa à Nala : « Ô, roi, je suis le Naga Karkotaka. Un jour j'ai trompé Narad, le grand Rishi à la tapasya intense. Il m'a maudit et condamné à rester cloué sur place à la manière d'un tronc d'arbre jusqu'au jour où un certain Nala m'emporterait ailleurs ; alors je serais libéré de la malédiction. Il m'est absolument impossible de bouger ; sauve-moi et je te revaudrai cela. Je serai ton ami. Oui, je sais, aucun serpent royal n'est aussi énorme que moi, mais je vais me faire tout léger pour toi, je t'en prie emporte-moi d'ici sans tarder.» Effectivement Karkotaka se transforma et se fit aussi petit que le pouce de la main. Nala le saisit aisément et l'emmena loin des flammes. Il allait le lâcher quand le serpent lui dit : «Avance encore de quelques pas en comptant chacun d'entre eux, tu vas voir, je fais te rendre un grand service.» Nala obéit, s'éloigna en comptant ses pas à voix haute et au moment où il annonçait «dix», le Naga le mordit. Instantanément la beauté de Nala disparut, il perdit tout à la fois son teint éclatant, ses traits harmonieux et sa noble allure. Impossible de le reconnaître dans cet être rabougri, sombre et déformé! Sidéré le roi interrogea du regard le Naga, qui avait repris sa taille initiale : «Ne t'inquiète pas, le rassura-t-il, j'ai fait cela exprès pour qu'on ne puisse pas te reconnaître. Et celui à cause de qui tu as subi tous ces malheurs, celui qui s'est introduit en toi, eh bien dorénavant tant qu'il vivra à l'intérieur de toi mon poison le tourmentera atrocement. Va maintenant, pars pour la belle cité d'Ayodhya et va te présenter au roi Rituparna sous le nom de Bahuka. Dis-lui que tu es un cocher. Lui est un expert au jeu de dés. Il t'apprendra la science du jeu et toi, en échange tu lui enseigneras la science équestre. Quand tu auras maîtrisé la science du jeu, tu seras de nouveau relié à ce qu'il y a de plus haut et de meilleur. Tu retrouveras ta femme, tes enfants et ton royaume. Je te donne un vêtement divin, quand tu le mettras tu retrouveras ton apparence initiale. » Avec ces mots Karkotaka disparut.

Le roi de Nishad suivit ce conseil, se mit en route et après dix jours de marche entra dans la cité d'Ayodhya. Il alla se présenter sous le nom de Bahuka au roi Rituparna et lui affirma qu'il n'avait pas son pareil au monde en ce qui concernait les chevaux et la science des attelages. « Je traverse en ce moment une mauvaise passe, ajouta-t-il, mais vous pouvez me demander tout ce que vous voulez. D'ailleurs je suis aussi un expert en art culinaire. Tout travail que vous me donnerez, fut-il dur, je m'efforcerai de le faire parfaitement. Je vous en prie, engagez-moi ! » – « Sois le bienvenu, Bahuka, tu peux rester ici et j'utiliserai tes talents. D'ailleurs j'ai toujours envie d'avoir des attelages les plus rapides possible. Alors, fais en sorte que mes chevaux galopent comme le vent, je te nomme responsable des écuries et tu gagneras dix mille pièces d'or par an. Mes deux cochers Varshneya et Jivala seront à ta disposition.»

Nala resta donc à Ayodhya où il était traité avec respect. Il ne cessait de penser à Damayanti et chaque soir il chantait sa tristesse en ces quelques vers :

> *Où est-elle ? Affamée,*
>
> *Assoiffée, épuisée,*
>
> *Où dort-elle ?*
>
> *Se souvient-elle*
>
> *de ce pauvre imbécile ?*
>
> *Ah, qui se trouve auprès d'elle à présent ?*

Un soir un des cochers, l'entendant réciter ces lignes, lui demanda de quelle dame il parlait. Nala lui répondit : «Il était une fois un homme stupide ayant une femme digne d'un grand respect. Mais lui ne fut pas fidèle à ses serments et pour une raison quelconque il s'en sépara. Ce pauvre idiot, déchiré jour et nuit par le remords et la douleur, erre de-ci de-là sans jamais trouver l'apaisement. Et pourtant il ne méritait pas cette souffrance.

« Après avoir vagabondé par toute la terre, il s'est enfin posé quelque part, et là, chaque soir, il chante sa peine et il pleure. Cette femme était si fidèle qu'elle l'avait suivi quand il avait dû s'exiler dans la forêt! Abandonnée par ce misérable, elle doit, si toutefois elle vit encore, vivre une vie de malheur, elle qui n'aurait jamais dû subir tout cela. Comment ce faible d'esprit a-t-il pu la laisser seule, perdue, dans cette forêt peuplée d'animaux sauvages? »

***

Quand la nouvelle de ce qui était arrivé au roi Nala et à sa femme était parvenue aux oreilles du roi Bhima, il avait tenté de les retrouver en envoyant un peu partout des brahmanes à leur recherche, leur promettant une récompense s'ils réussissaient. Ceux-ci étaient partis dans toutes les directions, et avaient cherché longtemps sans arriver à retrouver la moindre trace de Nala ou de sa femme. Mais un jour un brahmane nommé Sudeva visitant la belle capitale du royaume de Chedi aperçut Damayanti au cours d'une cérémonie. Elle se tenait aux côtés de la princesse Sunanda.

Le brahmane eut l'impression étrange d'une beauté extraordinaire perçant sous l'apparence d'une femme à la chevelure sale et dénouée, incroyablement frêle, recouverte d'un voile déchiré et taché par endroits. C'était comme une flamme dont on ne fait que deviner l'éclat derrière un écran de fumée. Mais on ne pouvait se tromper quand on voyait ses yeux immenses : c'était bien Damayanti.

« Oui, je la reconnais, et aujourd'hui je me sens béni des dieux de l'avoir retrouvée. Oui, c'est bien son visage doux comme la lune, c'est bien sa silhouette gracieuse, ses grands yeux effilés qui pourraient faire honte aux plus beaux pétales de lotus. Et d'ailleurs, de même que les lotus poussent dans la boue, elle-même est maculée de boue. Elle me fait penser à une rivière asséchée par les vents brûlants de l'été. Elle semble toute meurtrie tel un lotus qu'a cueilli un éléphant et qui se retrouve écrasé à l'intérieur de sa trompe avec, autour, tous les petits insectes nichés dedans qui s'envolent effrayés. Tel un nénuphar arraché à son étang pour être jeté sur la berge et brûlé par les rayons du soleil. Elle est seule, sans son mari, sans ses parents. C'est impossible que le roi Nala, s'il vit encore, vive sans être anéanti de douleur, ce serait une chose bien effroyable ! Oh, quand je la regarde, elle qui n'était pas faite pour cette vie de chagrin, mon cœur saigne. Quand donc cette belle dame aura-t-elle traversé cet océan de malheur ? Quand donc ces deux êtres dignes l'un de l'autre se retrouveront-ils ? Il faut que je parle à cette femme éplorée et que j'essaie de la consoler. »

Ayant donc reconnu Damayanti à de nombreux signes, il alla la trouver et s'adressa à elle : « Princesse de Vidarbha, je m'appelle Sudeva. Je suis un compagnon de ton frère et le roi Bhima m'a envoyé ici pour te retrouver. Ton père, ta mère et ton frère vont bien. Tes enfants eux aussi se portent bien. Mais tous sont morts d'inquiétude pour toi, et des centaines de brahmanes parcourent la terre à ta recherche. »

Damayanti reconnut Sudeva et l'émotion fut telle qu'elle éclata en sanglots. Elle le pressa de questions sur toute sa famille.

La jeune Sunanda aperçut Damayanti en train de pleurer en parlant à un inconnu. Elle alla trouver sa mère et lui demanda de s'enquérir sur la raison de cet étrange conciliabule. La reine mère fit appeler Sudeva et lui posa toutes sortes de questions sur la raison de sa venue et sur l'identité de la belle compagne de sa fille. Le brahmane lui raconta tout ce qu'il savait : comment Damayanti était la fille du puissant roi Bhima, comment elle avait épousé le roi Nala à la noble réputation, comment ce roi avait joué et perdu toutes ses possessions, comment les deux époux s'étaient exilés dans la forêt, comment depuis lors on avait perdu leur trace, et comment le roi Bhima ne cessait de lancer des brahmanes à la recherche de sa fille. « J'ai parcouru bien des régions, fouillé bien des forêts, des villages et des cités, et voici qu'aujourd'hui après des jours et des nuits passés à la rechercher, je me suis trouvé en présence de la princesse Damayanti. Je l'ai reconnue à sa beauté incomparable, jamais vue chez les mortels, et au signe de naissance qu'elle a entre les sourcils. Ce signe, il est recouvert de poussière comme la lune est cachée par les nuages, mais il est là. Cette marque que le créateur lui a posée au front, je l'ai reconnue.» Aussitôt Sunanda se dirigea vers son amie et lui essuya le front.

À la reine mère et à Sunanda, médusées, le signe apparut alors dans toute sa splendeur comme la lune se dégageant des nuages. Suivit un long silence. Puis, bouleversée, la reine mère dit à Damayanti : «Ma fille, moi aussi je te reconnais : tu es la fille de ma sœur. Ta mère et moi, toutes deux avons pour père le roi Sudama. Tu es née dans la maison de tes parents quand j'y vivais encore et c'est ainsi que je t'ai vue à ta naissance. Considère donc que tu es ici chez toi.» – «Mère, bien que tu n'aies pas su qui j'étais, tu m'as accueillie et j'ai vécu chez toi sans souci et avec dignité. Et je serais heureuse dans d'autres circonstances de rester sous ta protection. Mais j'ai assez erré, j'ai maintenant besoin de revoir les miens, alors je t'en supplie, donne l'ordre qu'on m'emmène à Kundinapur. J'y ai laissé mes enfants. Déjà privés de leur père, s'ils continuent à être séparés de moi, quelle ne sera pas leur détresse!» – «Bien», répondit la tante de Damayanti, et elle fit immédiatement préparer un riche palanquin et une escorte armée pour accompagner Damayanti jusque dans la maison de son père. Le voyage se passa sans encombre et bientôt la princesse entra à Kundinapur. Elle fut accueillie avec des transports de joie et d'affection par ses parents et toute sa famille. Soulagée de voir son père, sa mère et ses enfants en bonne santé, elle en rendit grâce aux dieux en son cœur.

Cette nuit-là elle dormit.

Le lendemain matin elle alla trouver sa mère.

«Mère, si tu veux que je reste en vie, alors je t'en prie, essaie encore de retrouver Nala, le meilleur des époux.» Les yeux de la reine se remplirent de larmes.

Elle ne répondit rien, mais elle alla voir son mari et lui parla du chagrin infini de leur fille. Bhima de nouveau choisit des messagers et leur enjoignit de retrouver la trace du roi Nala. Mais il leur ordonna avant leur départ de se présenter à Damayanti et de lui demander si elle avait quelque conseil à leur donner.

« Parcourez tous les royaumes, leur dit-elle. Et à chaque assemblée de chaque cité, de chaque bourg, de chaque village que vous visiterez, vous chanterez exactement ces vers que je vais vous réciter :

> *Où es-tu, joueur bien-aimé, où es-tu allé*
> *Après avoir déchiré la moitié de mon voile,*
> *Me laissant endormie, moi ta bien-aimée ?*

> *Comme tu m'as laissée,*
> *Couverte d'une moitié de voile,*
> *Brûlante d'amour et de douleur*
> *Ainsi je reste et je t'attends.*

> *Ô, roi de la terre*
> *Aie pitié de moi*
> *J'ai le mal de toi,*
> *Réponds-moi.*

«O brahmanes , éveillez la pitié par ces mots-là et
par d'autres encore. Et puis ajoutez ceci :

> *Un mari doit protéger sa femme, il doit la*
> *faire vivre,*
>
> *Toi qui connais la loi du dharma,*
>
> *Toi qui es si noble,*
>
> *Comment se peut-il que tu aies négligé ces*
> *devoirs ?*
>
> *Tu as étudié les textes sacrés*
>
> *Tu descends d'une noble lignée,*
>
> *Tu es plein de compassion,*
>
> *Mais envers moi tu es cruel,*
> *Serait-ce mon destin qui l'a voulu ?*
>
> *Toi le meilleur des hommes*
>
> *Toi lion parmi les rois*
>
> *Aie pitié de moi,*
>
> *Tu m'avais dit autrefois*
>
> *que la pitié était une grande vertu. »*

« Si jamais ces mots évoquent une réponse de quelqu'un, quelle qu'elle soit, alors rapportez-moi précisément ses paroles. Renseignez-vous sur cet homme, qui il est, où il vit, quelles sont ses occupations, s'il est pauvre ou riche, puissant ou misérable. Mais surtout que personne ne sache que vous agissez sur mes ordres, et une fois que vous aurez eu ces informations, sans perdre de temps revenez vite me voir. »

Après avoir reçu ces instructions détaillées, les brahmanes se mirent en route dans plusieurs directions à la recherche du roi malheureux. Ils visitèrent des royaumes, des cités, des ermitages, des villages, et même des camps itinérants de vachers ; partout, à qui voulait bien entendre ils répétaient les paroles de Damayanti, exactement comme elle les avait prononcées.

Aucune trace du roi.

**

Après bien longtemps, un jour un brahmane nommé Parnad revint à Kundinapur et raconta à Damayanti la chose suivante :

« Au cours de mes recherches pour retrouver le roi Nala, je suis allé à Ayodhya et je me suis présenté à la cour du roi Rituparna. Je lui ai récité tes paroles sans en omettre une seule comme tu me l'avais recommandé. Je les ai répétées à plusieurs reprises. Le roi n'a eu aucune réaction et personne de l'assemblée non plus ne s'est manifesté. Mais, après que j'ai pris congé du roi et alors qu'il n'y avait plus personne autour de moi, un homme m'a abordé. Il s'appelle Bahuka et c'est le cocher du roi. Il est extrêmement laid avec des bras qui sont déformés et tout petits. Il excelle à conduire des attelages de chevaux, et d'autre part c'est un cuisinier hors pair. Cet homme était en larmes et il arrivait à peine à me parler tellement l'émotion l'étouffait :

'Les femmes de noble famille, m'a-t-il dit, même tombées dans le malheur, sont protégées par leur pureté. Je sais que ces femmes-là, même quand elles sont séparées de leur mari, savent se dissimuler aux *yeux des prédateurs. Leur honneur est leur meilleure cuirasse. L'homme qui les a quittées n'était pas dans son état normal, tout lui avait été arraché et il était en proie à une horrible confusion, il ne voyait plus du tout ce qu'il devait faire ou ne pas faire. Que la dame à la sombre chevelure ne lui en veuille pas : c'est parce qu'il essayait de trouver de la nourriture pour eux deux que son vêtement lui a été dérobé par des oiseaux maléfiques. C'est un malheureux, sous les pieds de qui s'était ouvert un abîme sans fond. Depuis lors son esprit est torturé jour et nuit par toutes sortes de pensées terribles. Qu'elle lui pardonne, il ne mérite pas sa colère !'*

« Je suis alors reparti d'Ayodhya sans attendre, conclut Parnad, pour venir te raconter cet étrange incident. Informe le roi et dis-moi ce que je dois faire. »

Les yeux de Damayanti s'étaient emplis de larmes. Mais sans attendre elle alla trouver sa mère et lui parla seule à seule.

« Mère ! Je voudrais utiliser les services de Sudeva et lui parler en ta présence, mais je crois indispensable que Père ne sache rien de tout cela. Je t'en prie, ma chère mère, si tu veux mon bien, aide-moi. De la même manière que Sudeva m'a ramenée vers vous, il faut maintenant qu'il parte sans tarder pour Ayodhya avec le but de ramener ici le roi Nala. »

Damayanti remercia Parnad et lui remit les récompenses promises en cas de succès – oui, de succès, car elle savait qu'elle allait retrouver bientôt son seigneur.

Ensuite elle appela Sudeva et lui donna une mission précise : « Pars immédiatement pour Ayodhya, vole comme le vent et une fois là-bas, présente-toi au roi Rituparna. Dis-lui exactement ceci :

« 'Un second swayamvar est organisé pour la princesse de Vidarbha . Comme il est impossible de savoir si Nala est encore vivant, il a été décidé que Damayanti choisirait un autre époux. De partout des princes et des rois sont en train de converger vers la capitale du roi Bhima. La date a été fixée pour demain. Si vous voulez y assister, venez sans perdre une seconde.' »

Sans poser de question, Sudeva se mit en route, se hâta, et dès son arrivée à Ayodhya demanda une audience au roi. Il lui répéta mot pour mot le message donné par Damayanti.

Rituparna appela alors son cocher, Bahuka, et lui annonça qu'il fallait qu'il soit dans la capitale de Vidarbha le lendemain matin sans faute pour participer au second swayamvar de Damayanti, et qu'il comptait bien sur sa science des attelages pour le faire arriver en temps voulu.

À ces mots Nala crut que son cœur allait s'arrêter. Le souffle coupé, il resta un bon moment comme paralysé. Des pensées contradictoires se succédaient et s'entrechoquaient violemment dans son esprit : « Quoi ? Damayanti a pu décider cela ! Ma femme ! C'est ma femme, si pure et si fidèle, qui a pris cette folle décision ? Est-ce qu'un excès de douleur a troublé son esprit ? A-t-elle inventé cet énorme stratagème pour me faire revenir ? Mais peut-être n'a-t-elle plus d'amour pour moi, on dit parfois que les femmes sont inconstantes, et puis il n'est que trop vrai, je mérite d'être puni ! Je l'ai trompée de façon abominable, je l'ai abandonnée! Et pourtant… non! Non, ce n'est pas possible! Mon cœur me dit que jamais la mère de mes enfants ne ferait une chose pareille!

«Mais de toute façon, vrai ou faux, il faut absolument que je sache, donc je vais obéir aux ordres du roi et ce sera en même temps pour mon propre éclaircissement.»

Ayant pris sa décision, il retrouva son calme et promit solennellement au roi qu'il le ferait arriver dans la capitale du royaume de Vidarbha à temps pour la cérémonie. Puis il se rendit dans les écuries royales. Il inspecta tous les chevaux. Après quoi il en choisit plusieurs qui n'étaient pas forcément les plus beaux, qui étaient même d'apparence chétive, mais qu'il jugeait les plus puissants et les plus à même de fournir cette longue course d'un seul trait. Ils se distinguaient par leur force, leur noble race, l'absence de toute marque funeste sur le corps et de larges naseaux. Le roi se mit en colère quand il les vit:

« Est-ce que c'est ce que je t'ai demandé de faire ? Comment des bêtes efflanquées aux jambes maigrelettes comme celles-ci vont-elles pouvoir me conduire à Kundinapur en une journée ? Tu te moques de moi ! »

« Ô roi, répondit Nala, fais-moi confiance, je sais les douze marques secrètes par lesquelles on reconnaît l'excellence des chevaux. C'est d'après cette science que j'ai sélectionné ces coursiers ; ils nous transporteront comme le vent jusqu'à Kundinapur, je n'en ai pas le moindre doute. »

« C'est toi l'expert, Bahuka, agis donc comme tu le veux, mais dépêchons-nous de partir. »

Nala attela quatre chevaux au chariot royal. D'un bond le roi sauta dessus. Le chariot s'affaissa brusquement, le poids du roi ayant fait plier les genoux des chevaux. Très calme, Nala prit fermement les rênes en main et encouragea de la voix les quatre pur-sang. À peine le chariot s'ébranlait-il qu'il prenait de la vitesse. En quelques secondes d'une accélération surprenante les chevaux semblèrent s'envoler. Le roi d'Ayodhya stupéfait et ravi, comme emporté sur les ailes du vent, voyait passer les forêts, les lacs, les collines, les villages, les fleuves, avec une rapidité prodigieuse. À peine un village se rapprochait-il, grossissait-il, qu'il s'éloignait déjà et devenait au loin comme un point presque invisible.

Le cocher Varshneya, assis à côté de Nala, écoutait le grondement des roues et il ne pouvait s'empêcher d'admirer l'habileté incomparable du conducteur, sa connaissance des chevaux, son art de les diriger. Intrigué, il se posait des questions : « Je n'ai jamais vu un homme avec une telle maîtrise des chevaux ! Est-ce que ce serait le cocher du roi des dieux, Indra ? Ou Shalihotra, le savant légendaire qui a fondé la science équestre ? Mais ne serait-ce pas plutôt mon ancien maître, le roi Nala, qui aurait pris cette forme ? Car ce Bahuka me paraît avoir tous les talents pour lesquels le roi était fameux. Il a aussi le même âge. Il est vrai qu'il est très laid et beaucoup moins grand que lui. Et pourtant, moi qui ai été un serviteur fidèle du roi de Nishad, à ses côtés dans son chariot pendant de longues années, quelque chose me dit que c'est sans doute lui qui conduit. » Ainsi réfléchissait Varshneya.

Rituparna lui, jubilait, sentant maintenant qu'il était à sa portée d'arriver à Kundinapur avant la tombée de la nuit. Il n'avait jamais vu de chevaux galoper avec une telle vitesse, une telle élégance, une telle puissance.

Tout à coup le châle recouvrant ses épaules, happé par le vent, s'envola. « Arrête-toi, arrête une seconde, cria-t-il à Nala, juste le temps que Varshneya me rapporte mon châle. » « Impossible, lui répondit Nala, nous sommes déjà à plus de quatre lieues de l'endroit où il est tombé. » Le roi garda le silence. Mais il remarqua au bord du chemin un arbre Baheda couvert de fruits. « Regarde ! lança-t-il à Bahuka, regarde la vitesse extraordinaire à laquelle je peux compter. Chacun possède une science particulière, personne n'est omniscient, eh bien moi je ne connais pas les chevaux, mais je peux te dire en revanche combien il y a de fruits et de feuilles sur cet arbre. Tombés à son pied il y en a cent deux. Dans les branches de l'arbre, il y a cinquante millions de feuilles et deux mille quatre-vingt-quinze fruits. »

Interloqué, stoppant le chariot Nala lui répondit :

« Il n'y a pas de preuve pour le chiffre que tu avances. Il faudra que je coupe cet arbre et que je compte pour vérifier, autrement comment savoir si tes chiffres sont corrects ? Que Varshneya s'occupe des chevaux un instant, je vais compter devant toi.

– Cela va nous retarder grandement, objecta le roi.

– Je n'en ai que pour quelques minutes, mais si voulez partir, partez avec Varshneya.

– Non, personne d'autre que toi ne me mènera à Vidarbha, mais je t'en prie, ne me retarde pas !

– Ne vous inquiétez pas. »

Et sautant du chariot Bahuka se dirigea vivement vers l'arbre. Il l'abattit promptement. Puis il se mit à compter et, en effet, le nombre de feuilles était celui qu'avait annoncé Rituparna ! Émerveillé, il s'exclama :

« C'est extraordinaire ta capacité à calculer, explique-moi cela !

– Il n'y a pas le temps, fit le roi impatiemment, mais oui c'est vrai, les chiffres et les dés n'ont pas de secrets pour moi.

– Alors, enseigne-moi cette science, s'exclama immédiatement Nala, et en échange je t'apprendrai tout ce qui concerne les chevaux.

– D'accord», répondit le roi, qui avait toujours désiré avoir les attelages les plus rapides du monde, et sur le champ il lui enseigna la science des chiffres et des dés.

Dès que ces secrets entrèrent en possession de Nala, l'esprit des ténèbres, l'esprit de confusion, le dénommé Kaliyuga, vomissant le poison terrible de Karkotaka, sortit de lui, invisible à tous sauf à lui. Voyant Kali sortir de lui-même, Nala, comprenant enfin en un éclair tout ce qui s'était passé, laissa éclater sa fureur et allait maudire l'être malfaisant quand celui-ci, tremblant, les mains jointes le supplia : «Écoute-moi : depuis que Damayanti a lancé sa malédiction, j'ai souffert jour et nuit à l'intérieur de toi ; en outre le poison corrosif de

Karkotaka m'a cessé de me brûler atrocement les entrailles. Si tu me fais grâce je te promets que toute personne qui entendra ton histoire et qui méditera sur ce qui t'est arrivé, à cette personne je ne ferai jamais aucun mal.» Nala se calma et Kali disparut à l'intérieur de l'arbre Baheda.

Nala respirait largement. Il se sentait libéré du brouillard qui avait obscurci son esprit pendant si longtemps, de son indécision, de ses pensées glauques, de son impression d'impuissance. Il était enfin redevenu maître de lui-même. L'apprentissage de la science des nombres l'avait rempli de joie. Le cœur léger il sauta dans le chariot et exhortant ses chevaux avec une vigueur nouvelle il reprit sa course éperdue vers Vidarbha.

Des oiseaux qui fendent l'air et se jouent de l'immensité du ciel, c'est à quoi on pensait quand on voyait passer ce véhicule magnifique conduit par le seigneur des chevaux.

Ils arrivèrent dans le royaume de Vidarbha quand le soir tombait.

Les serviteurs du roi Bhima en informèrent leur
maître. Bhima ordonna que les portes de la ville
soient ouvertes devant eux.

Rituparna entra alors dans la capitale et la cité tout
entière retentit du grondement formidable de son
chariot.

Dans les écuries de Kundinapur se trouvaient les
chevaux du roi Nala. Dressant leurs oreilles, ils
reconnurent à ce bruit que leur maître n'était pas
loin.

Damayanti elle aussi entendit le fracas du chariot,
le crépitement des roues emportées à vive allure sur
les pavés des rues.

Ce fut comme à l'approche de la mousson
lorsqu'on entend enfin les roulements du tonnerre
annonciateurs de la pluie.

C'était reconnaissable entre tous, le son puissant,
profond, ample, du chariot du roi Nala lorsque
jadis il en tenait les rênes.

Dans les jardins du palais, la tête dressée vers le ciel les paons poussèrent un cri retentissant, comme s'ils appelaient les nuages.

Levant leur trompe les éléphants royaux barrirent.

Dans les écuries, les chevaux se cabraient en hennissant.

Damayanti se dit :

« À la joie soudaine qui m'a inondé le cœur en entendant ce bruit, je sais que c'est Nala qui arrive. Et maintenant il faut que je revoie mon beau prince aujourd'hui même, autrement je ne resterai pas en vie, c'est sûr. Si je ne me retrouve pas aujourd'hui blottie dans la douceur et la chaleur de ses deux bras, j'en mourrai. Si aujourd'hui il ne vient pas me voir, si aujourd'hui il n'apparaît pas devant moi, je me jetterai dans le feu ! Et je ne me souviens pas même en plaisantant d'avoir jamais dit de mensonge, je ne me souviens pas d'avoir jamais manqué à ma parole. Mon roi est fort, compatissant, généreux, courageux, incapable de faire le mal même en cachette, incapable de regarder une autre femme

que la sienne. Cela fait trop longtemps que j'ai le
cœur déchiré de son absence, trop longtemps… »

En proie à une violente émotion, Damayanti
espérant apercevoir Nala monta sur la terrasse du
palais.

Elle vit le chariot qui arrivait au bas des remparts,
elle vit le roi qui y était assis majestueusement
derrière Bahuka et Varshneya. Elle vit les deux
cochers qui sautaient à terre, qui libéraient les
chevaux et les emmenaient à l'écart. Elle vit
Rituparna qui descendait lentement de son véhicule
et se disposait à rencontrer le roi de Vidarbha.
Bhima parut en effet et Damayanti devinait à ses
gestes qu'il accueillait le visiteur avec toutes sortes
de marques de bienvenue réservées aux plus grands
souverains.

***

Rituparna répondait chaleureusement à Bhima,
mais il avait beau regarder tout autour de lui, il ne
voyait rien qui ressemblât à des préparatifs pour
une cérémonie de swayamvar. Ni de princes par

centaines vêtus de beaux costumes ni d'assemblées de brahmanes. Et il eut un haut-le-corps quand son hôte lui demanda : « Quel bon vent vous amène ? » Mais Rituparna était quelqu'un de sage et d'avisé. Aussi dissimula-t-il sa surprise et répondit-il : « Je suis venu vous présenter mes respects. » Bhima, lui non plus, ne manquait pas de perspicacité et il comprenait bien que Rituparna n'avait pas fait cette longue course, traversant des villages, des fleuves et des royaumes uniquement pour l'assurer de ses respects. La raison devait être autre. Il se dit qu'il la découvrirait plus tard, et il donna des ordres pour que Rituparna soit reçu comme il le méritait : « Vous devez être fatigué, on va vous conduire dans un appartement où vous pourrez vous reposer. »

Escorté par plusieurs serviteurs, Rituparna disparut avec Varshneya à l'intérieur du palais.

Bahuka mena le chariot dans l'endroit réservé à cet effet. Il détela les chevaux et s'en occupa dans toutes les règles de l'art, les pansant, les abreuvant, les nourrissant et leur caressant l'encolure. Puis il alla s'allonger sur le chariot.

Damayanti qui avait vu les trois arrivants, Rituparna,
Varshneya et Bahuka, se demandait si elle avait rêvé
quand elle avait reconnu le son du chariot de Nala.
« Si ce n'est pas celui de Nala, c'est le chariot de
qui ? Cependant je ne vois pas mon prince parmi
ces trois hommes. Se pourrait-il que Varshneya ait
appris jadis du roi Nala l'exacte manière qu'il avait
de mener les chevaux ? Ou que le roi Rituparna ait
un même chariot ? » Impatiente de comprendre, elle
choisit une messagère de confiance et l'envoya dans
les écuries, lui recommandant les choses suivantes :
« Renseigne-toi, ma bonne Keshini : ce cocher qui
est si laid et qui a des bras tout petits et déformés,
qui est-ce ? Parle-lui doucement et prudemment,
essaie de savoir d'où il vient. Je soupçonne que c'est
le roi Nala sous un déguisement, car la joie et la
paix qui me remplissent le cœur me le disent. Dans
le courant de la conversation, essaie d'amener le
sujet sur la visite du brahmane Parnad à Ayodhya,
écoute attentivement ses réponses. » Keshini s'en
alla et Damayanti le cœur battant attendit.

« Bienvenue à toi, lança Keshini à Nala en entrant
dans les écuries, j'espère que tu as tout ce qu'il te

faut. Je suis venue pour te dire quelque chose de la part de la princesse Damayanti. Elle veut savoir quand vous êtes partis d'Ayodhya et pour quelle raison vous êtes venus ici.

— Hier le roi a entendu dire de la bouche d'un brahmane, répondit Bahuka, que le lendemain se tiendrait le second swayamvar de Damayanti. C'est pourquoi il s'est mis en route sans tarder pour couvrir cette longue distance avec des chevaux qui allaient comme le vent. C'est moi qui tenais les rênes.

— Mais l'autre cocher, qui est-il ? De qui est-il le serviteur ? Et toi, qui est ton père ? Et comment as-tu obtenu ce poste de cocher ?

— L'autre s'appelle Varshneya. C'était naguère le cocher du roi Nala, et après que celui-ci a perdu son royaume, il est entré au service du roi d'Ayodhya. Moi aussi je suis un expert dans l'art de conduire les chevaux et c'est pour cela que le roi Rituparna m'a engagé.

– Mais alors est-ce que ce Varshneya sait où se trouve Nala ? T'en a-t-il parlé ?

– Non, il n'en sait absolument rien. Il avait seulement amené ses enfants ici et puis il était parti pour Ayodhya. Personne ne sait où est Nala. Sa forme première s'est évanouie, il vit sur cette terre comme invisible. Il est impossible à quiconque de le reconnaître. Seule l'âme de Nala connaît Nala. Et il ne révèle jamais à personne quelque signe que ce soit qui pourrait le faire reconnaître.

– Mais quand un certain brahmane est arrivé à Ayodhya, il a chanté ces vers que lui avait enseignés une dame :

> *Où es-tu, joueur bien-aimé, où es-tu allé*
> *Après avoir déchiré la moitié de mon voile,*
> *Me laissant endormie, moi ta bien-aimée ?*

> *Comme tu m'as laissée,*
> *Couverte d'une moitié de voile,*
> *Brûlante d'amour et de douleur*
> *Ainsi je reste et je t'attends.*

Ô, roi de la terre

Aie pitié de moi

J'ai le mal de toi,

Réponds-moi.

Eh bien, la réponse que tu avais faite à ce brahmane, Bahuka, Damayanti voudrait l'entendre à nouveau. »

Bahuka sentit que le cœur lui manquait, ses yeux se remplirent de larmes. Il mit du temps à répondre, puis d'une voix tremblante, balbutiant, il répéta lentement mot pour mot les vers avec lesquels il avait répondu aux mots de Damayanti :

« *'Les femmes de noble famille, même tombées dans le malheur, sont protégées par leur pureté. Je sais que ces femmes-là, même quand elles sont séparées de leur mari, savent se dissimuler aux yeux des prédateurs. Leur honneur est leur meilleure cuirasse. L'homme qui les a quittées n'était pas dans son état normal, tout lui avait été arraché et il était en proie à une horrible confusion, il ne voyait plus du tout ce qu'il devait faire ou ne pas faire. Que la dame à la sombre chevelure ne lui en veuille pas : c'est parce qu'il essayait de trouver de la nourriture pour eux deux que son vêtement lui a été dérobé par des oiseaux maléfiques. C'est un malheureux, sous les pieds de qui s'était ouvert un abîme sans fond. Depuis lors son esprit est torturé jour et nuit par toutes sortes de pensées terribles. Qu'elle lui pardonne, il ne mérite pas sa colère !»*

Keshini le quitta pour aller vite rapporter tout ce dialogue à Damayanti.

L'émotion de la princesse fut à son comble, elle était sûre maintenant que ce cocher était Nala. Elle dit à Keshini : « Repars près de Bahuka, mais cette fois ne dis rien, approche-toi de lui et examine-le. S'il bouge, s'il fait un geste, s'il est occupé à quelque tâche, regarde attentivement ce mouvement ou ce geste et comment il agit. Et puis, même s'il insiste, ne lui donne pas de feu. Ne lui donne pas d'eau. Si cet homme semble avoir des pouvoirs inhabituels ou surnaturels, observe et viens vite me raconter. » Keshini repartit. Il ne se passa même pas une heure avant qu'elle ne revînt, impatiente de rendre compte de ce qu'elle avait vu. «Oh, princesse, dans la façon de faire de ce cocher il y a une telle pureté! Il y a quelque chose de si sacré dans toute son atmosphère! Je n'ai jamais vu un homme pareil! S'il se dirige vers une porte basse, il ne se courbe pas, c'est la porte qui se soulève d'elle-même à son approche. Tout passage étroit s'élargit devant lui. Pas besoin de verser de l'eau dans un pot, celui-ci se remplit d'eau tout seul. Le feu obéit à sa volonté: il lui suffit de tenir une paille dans son poing fermé et de se mettre au soleil, la paille s'enflamme toute seule. Et même s'il touche la flamme, il ne se brûle pas. Encore plus extraordinaire, je l'ai vu serrer lentement des fleurs dans la main et ces fleurs n'en étaient que plus fraîches et plus parfumées. Tout cela est tellement incroyable que je suis vite revenue pour te le rapporter!»

Damayanti savait que cette personne à laquelle le feu, l'eau, l'espace obéissaient ne pouvait être autre que son époux. C'étaient les pouvoirs que lui avaient conférés Agni, Varuna et Indra après le swayamvar. Ne voulant rien négliger et se souvenant de ce que lui avait donné le quatrième dieu Yama, elle demanda à Keshini de repartir et, sans que Nala ne s'en aperçoive, de rapporter quelque chose de cuisiné par lui. Keshini revint avec un plat de riz et de viande. Damayanti le goûta et… il était impossible que celui qui avait préparé cette nourriture fût quelqu'un d'autre que le roi de Nishad !

Damayanti envoya Keshini de nouveau auprès de Bahuka, mais cette fois-ci accompagnée des deux enfants. Quand le cocher vit arriver le petit garçon et la petite fille, il s'approcha d'eux le visage illuminé de joie, il les prit dans ses bras, les serra contre sa poitrine et puis les assit sur ses genoux. Il riait et pleurait à la fois. « Ces deux enfants ressemblent beaucoup à mes propres enfants, tenta-t-il d'expliquer, c'est pourquoi je pleure… Mais cela fait plusieurs fois que tu entres ici et que tu en sors, les gens vont se poser des questions et je ne suis ici qu'un invité, alors il vaut mieux que tu t'en ailles maintenant. » Keshini s'éloigna et alla raconter à sa maîtresse comment avait réagi Bahuka.

Damayanti maintenant tremblait d'impatience de la tête aux pieds, elle avait tant hâte de revoir Nala! Elle envoya Keshini transmettre le message suivant à sa mère: «J'ai bien vérifié et tous les signes me confirment que ce cocher Bahuka est en réalité Nala. Tous les signes sauf un: sa forme n'est pas celle de Nala. Pour écarter ce doute je voudrais moi-même le mettre à l'épreuve et en avoir le cœur net. Mère, ou bien tu convoques ce Bahuka dans nos appartements, ou bien tu me donnes la permission de le voir. Tu peux en informer mon père maintenant si tu le souhaites.» La reine fit part à son époux de l'intention de Damayanti. Bhima donna son accord.

Damayanti envoya chercher Bahuka.

Se trouvant en face d'elle Nala ne put retenir ses larmes. Il avait devant lui la même adorable Damayanti qu'il avait abandonnée dans la forêt, frêle, la chevelure dénouée, le voile déchiré et sali de terre.

Levant vers lui ses yeux immenses brûlants de tendresse, elle lui demanda doucement (et il y avait presque une pointe d'espièglerie dans sa voix) : « Dis-moi, Bahuka, est-ce que tu connais un homme vertueux qui abandonnerait sa femme endormie en pleine forêt ? Un mari qui abandonnerait une femme fidèle juste au moment où elle s'est écroulée de fatigue ? À part Nala, est-ce que tu en connais un ? Je ne sais comment et à quel moment j'ai offensé cet homme pour qu'il me quitte et me laisse sans défense dans une jungle peuplée d'animaux sauvages ! Cet homme, que j'avais choisi de préférence aux êtres célestes, cet homme que j'ai toujours adoré comme mon seigneur et mon dieu, comment est-il possible qu'il m'ait abandonnée, moi qui étais la mère de ses enfants ?

« En un autre temps, t'en souviens-tu, il m'avait pris la main et, prenant à témoin le dieu du feu, il avait juré qu'il serait toujours à mes côtés, t'en souviens-tu ? »

L'émotion était trop forte, Damayanti dut s'interrompre.

Bahuka l'écoutait et ses traits étaient contractés, ses yeux rouges, comme sous l'effet d'une souffrance terrible. Il répondit : « Belle dame, que j'aie perdu mon royaume et que je t'aie abandonnée, tout cela est dû à Kali, ce n'est pas moi qui ai agi. Quand jour et nuit tu me cherchais dans la forêt et quand tu as maudit l'être cruel responsable de ces malheurs, c'est Kali, à l'intérieur de mon corps, que le feu de ta malédiction a brûlé, comme du feu brûlé par un feu plus grand. Grâce à mes efforts et à notre *tapasya*, Kaliyuga a été vaincu et la fin de nos souffrances approche. Cet esprit malfaisant a été obligé me relâcher, et c'est pourquoi je suis ici. Pour toi, pour te retrouver, pour rien d'autre.

« O toi qui es si chaste, comment une femme ayant un mari aimant et dévoué peut-elle décider de prendre un autre homme ? Sur ordre du roi Bhima des messagers ont parcouru la terre en annonçant que la princesse de Vidarbha se préparait à choisir un second époux. 'Damayanti est indépendante et elle veut choisir un mari qui lui convienne' : voilà ce que le roi Rituparna a entendu de ses propres oreilles, et c'est pourquoi, toutes affaires cessantes, il a accouru aussi vite que possible. »

Entendant ces reproches Damayanti pâlit. Une main glacée lui étreignit le cœur. Elle se reprit et toute frémissante elle déclara d'une voix forte et presque solennelle : « O roi de Nishad, pour toi, pour devenir ta femme j'ai écarté les Gardiens du monde, comment pourrais-tu me soupçonner d'infidélité ? Pour retrouver ta trace, j'ai envoyé des brahmanes aux quatre coins de la terre chanter les vers que j'avais préparés. L'arrivée du brahmane Parnad à la cour d'Ayodhya faisait partie de cette recherche. Après quoi, quand j'ai eu connaissance de ta réponse, il a fallu que je trouve un moyen de te faire venir ici, et j'ai eu l'idée de ce stratagème. Je le savais bien que pas un attelage au monde ne pouvait couvrir les cent lieues de Ayodhya à Kundinapur en un seul jour – pas un attelage sauf celui de Nala ! Je le savais bien que tu accourrais !

« Je jure que je n'ai jamais failli à mon devoir même en pensée. J'en prends à témoin Vayu, le Vent qui souffle sur la terre entière, j'en prends à témoin le Soleil aux rayons duquel nulle créature ne peut échapper, j'en prends à témoin Chandrama la lune qui pénètre au plus intime de chaque cœur humain : si j'ai jamais manqué à la loi du Dharma, alors que ces divinités m'ôtent la vie à l'instant. Sinon, que les dieux fassent éclater la vérité. »

Alors on entendit, venant des confins du monde, une voix portée par les ailes du vent : « O Nala, c'est la vérité, cette femme n'a commis aucune faute. » Au même moment une pluie de fleurs descendit sur le couple.

Nala se souvint alors de l'étoffe que lui avait donnée le serpent royal Karkotaka. Il s'enveloppa le haut du corps avec ce voile et instantanément le cocher difforme et rabougri s'évanouit pour laisser place à l'éblouissante beauté du roi Nala. Damayanti tomba dans ses bras en sanglotant. Les deux amants restèrent un long moment enlacés en silence, lui resplendissant comme aux premiers jours, et elle toujours vêtue de son voile déchiré, mais illuminée par l'éclat de son sourire. Puis, sans se séparer, ils firent venir les deux enfants et les enveloppèrent dans leurs bras. Le couple passa la nuit à se raconter tout ce qui leur était arrivé pendant ces quatre années d'épreuves. Leur joie profonde était semblable à celle d'une terre presque complètement asséchée sur laquelle la pluie a commencé à tomber.

***

Le lendemain matin Nala et Damayanti, après s'être purifiés, avoir pris un bain et s'être vêtus splendidement, paraissent devant le roi Bhima. Nala les mains jointes salue son beau-père et Bhima en retour l'accueille comme son fils chéri. Son ravissement est grand d'avoir retrouvé son gendre et de voir sa fille enfin parée comme une reine et rayonnante de sa joie revenue. La rumeur s'est répandue dans la ville du retour de Nala et, des fenêtres du palais on entend déjà des bruits de fête. Sur ordre du roi de Vidarbha les avenues de la capitale sont décorées de doubles rangées de bannières aux couleurs éclatantes qui claquent au vent. Les chemins sont jonchés de pétales de fleurs et chaque porte de chaque demeure est ornée d'une arche de feuilles et de fleurs en l'honneur du couple enfin réuni. Dans tous les temples, on rend hommage aux dieux, les cloches sonnent et l'encens monte en volutes.

Rituparna apprit que sous l'apparence de Bahuka se cachait en réalité le roi Nala. Il s'excusa auprès de lui pour l'avoir traité en serviteur. Nala le rassura, lui affirmant qu'il avait vécu chez lui comme il l'aurait fait dans sa propre famille sans que quiconque l'ait jamais importuné. Puis à son tour il s'excusa pour lui avoir caché la vérité. « Et je n'oublie pas, ajouta-t-il en souriant, que je dois vous transmettre la science concernant le cheval. » Aussitôt dit, aussitôt fait : Nala lui en révéla tous les aspects. Rituparna, reconnaissant, et riche de cette nouvelle science qu'il désirait depuis longtemps, exposa de nouveau à Nala les secrets des chiffres et des dés, après quoi comme revigoré par ses nouvelles connaissances, il s'en retourna dans son royaume.

Après un mois passé à Kundinapur, Nala accompagné de serviteurs mis à sa disposition par son beau-père se mit en route pour le royaume de Nishad. Son chariot était entouré d'une escorte d'éléphants, de chevaux et de plusieurs centaines de soldats. Le cortège formidable se dirigeant à vive allure vers le royaume de Nishad faisait trembler la terre sur son passage.

Nala frémissant d'une juste fureur, sans s'attarder dans la capitale, se dirigea tout droit chez Pushkar. «Allons! Viens jouer avec moi encore une fois! Je suis maintenant entré en possession d'une grande fortune – que toute entière je vais mettre en jeu, ainsi que mon épouse Damayanti. Toi de ton côté, mets en jeu le royaume. Tu sais, n'est-ce pas, que refuser une revanche quand il est question d'un royaume ou d'une fortune est contraire à toutes les règles? Maintenant si tu n'acceptes pas de jeter les dés, alors battons-nous en un combat singulier de sorte que l'un ou l'autre de nous trouve enfin la paix. Choisis! Assieds-toi en face de moi pour jouer, ou bien armé de ton arc et de tes flèches viens me retrouver dans l'arène.»

Pushkar, sûr de sa victoire, éclata de rire: «Ah, Nala! Sais-tu que je pense à toi chaque jour? Je t'attendais d'ailleurs. Quelle bonne nouvelle que tu aies été retrouvé vivant et que les malheurs de Damayanti aient pris fin! Quelle excellente nouvelle que tu sois à nouveau le maître d'une grande richesse et que tu sois prêt à la mettre en jeu ainsi que ta femme! Une fois que j'aurai gagné l'une et l'autre, la belle Damayanti me servira d'esclave, comme les nymphes du paradis servent le roi des dieux. Je me sens comblé à la pensée de posséder la si chaste, la si timide Damayanti, car en vérité je l'ai toujours chérie dans le secret de mon cœur.» Nala mit vivement la main à son épée pour couper la tête de cet homme qui insultait sa femme, mais il se maîtrisa, dissimula sa colère et haussa les épaules en riant: «Allez, ne perdons pas de temps et mettons-nous à jouer, tu parleras moins quand tu auras perdu.»

Les deux frères commencèrent à lancer les dés.

Nala gagnait.

Pushkar mit tout sur la table, bijoux, fortune, etc., tout y compris sa vie, et il perdit tout.

« Le royaume m'est rendu, déclara Nala avec un grand sourire. Et toi tu n'as même pas pu lever les yeux sur la princesse de Vidarbha. En fait toi et toute ta famille vous n'êtes dorénavant que ses serviteurs. Mets-toi bien dans la tête, imbécile, que lorsque j'ai perdu la première fois, le mérite ne t'en revenait pas, c'était l'œuvre de Kaliyuga et tu ne le savais même pas ! Mais va, je n'ai pas besoin de te raconter en détail toutes les horreurs de cet être démoniaque. Vis comme tu le juges bon, je te fais grâce.

« De toutes ces richesses, je te rends la partie qui t'appartient. Il n'y a aura aucun changement dans mon ancienne affection pour toi, elle est restée intacte. Tu es toujours mon frère, Pushkar, et je te souhaite une longue vie. » Ayant ainsi montré que pour lui la vérité primait sur toute autre considération, Nala embrassa son frère encore et encore et puis lui conseilla de partir, apaisé, dans la ville qui était la sienne. Pushkar, les mains jointes, le remercia humblement et lui souhaita bonheur, longue vie et prospérité : « Ta générosité envers moi contribuera à ta renommée, O. roi glorieux ! » Ainsi comblé par Nala, Pushkar accompagné de toute sa famille se mit en route vers sa capitale. Il avait retrouvé sa belle allure et sa sérénité d'antan.

La nouvelle que Nala avait regagné son royaume se répandit dans la cité comme une traînée de poudre et fut accueillie par les habitants et les ministres avec des transports de joie et de soulagement. «Enfin! Enfin, disaient-ils, nous pouvons respirer! Ô, notre roi, nous sommes de nouveau à ton service, tels les habitants du ciel autour de leur maître adoré, Indra!»

Quand la ville retrouva son calme après de grandes célébrations, le roi Nala envoya chercher sa femme au royaume de Vidarbha. Damayanti prit congé de son père, le puissant roi Bhima, terreur de ses ennemis, et accompagnée des deux enfants bientôt reprit sa place aux côtés de son époux. Le royaume de nouveau se trouva gouverné par un roi juste et respectueux du Dharma. Le roi organisa de nombreuses cérémonies pour célébrer les dieux et unifier son pays.

***

Le Rishi Brihadashwa conclut son histoire avec ces mots adressés à Yudhisthira :

« O toi le meilleur des Bharat, O. Yudhisthira, voilà comment le roi Nala après avoir perdu son royaume lors d'un jeu de dés fut précipité ainsi que sa femme dans de grands malheurs, voilà comment il s'est retrouvé seul sans aucune aide, mais voilà aussi comment, après avoir marché longtemps dans les ténèbres, le soleil s'est enfin levé pour lui. Toi, tu n'es pas seul, tu es entouré de tes frères et de votre femme, tu n'as pas oublié le Dharma, tu as à tes côtés des hommes sages à la grande connaissance intérieure, pourquoi te lamentes-tu ? Kaliyuga a été vaincu par le serpent royal Karkotaya, par Damayanti, par Nala et par la science de Rituparna. De comprendre le sens profond de cette histoire te donnera le pouvoir de détruire Kaliyuga. Rien de ce que possède l'homme n'est stable ou permanent, sache-le et, le sachant, ne te désole pas, grand roi. Aie patience et courage, ne t'écroule pas. Même quand la fortune lui est adverse, prenant refuge dans l'équanimité l'homme ne doit pas pleurer.

Ceux qui raconteront ou entendront la belle et ancienne histoire du roi Nala obtiendront tout ce qu'ils désirent. Tu dois te libérer de cette peur qui te hante que quelqu'un d'expert au jeu de dés t'invitera à jouer et que tu perdras de nouveau. Et cette peur, moi je vais t'en débarrasser sur-le-champ! Écoute-moi, je connais cette science et je vais te l'enseigner. »

« Saint homme, répondit Yudhisthira, retrouvant enfin son sourire, je suis prêt à la recevoir, parle! »

Et le Rishi lui apprit les secrets des nombres, et les secrets de la vitesse des chevaux…

Cet enseignement donné à Yudhisthira constituera un tournant dans son histoire et dans celle de ses frères, mais pour en savoir davantage… le lecteur est invité à continuer seul la lecture du Mahabharata. Qu'il ne nous en veuille pas et que son étude lui apporte la lumière!

*** *** ***

Notes

1. Vyasa

« Parmi tous les Sages, je suis Vyasa » (Bhagavad Gita, 10.37)

Le premier des Sages : voilà la place donnée au Rishi Vyasa par l'Inde ancienne.

Le nom de Vyasa est commun à de nombreux auteurs et compilateurs, mais il désigne surtout Veda-Vyasa, aussi appelé Krishna Dvaipayana. Il était le fils du Rishi Parashara et de Satyavati. À cause de son teint sombre, il reçut le nom de Krishna et, à cause de son lieu de naissance une île (*dvip*) dans le fleuve Yamuna, le nom de Dvaipayana. C'était lui-même un Rishi, c'est-à-dire un de ces sages de l'Inde ancienne qui étaient à la fois des poètes, des voyants et des yogis. Vyasa est cité traditionnellement comme l'auteur du Mahabharata et d'autres œuvres, mais il surtout connu comme compilateur des Védas (Véda-Vyasa veut dire : « celui qui a arrangé les Védas »).

Personne ne sait exactement combien de vers
contenait le Mahabharata à l'origine. Certains
parlent de 4400 vers, d'autres de 8800 et d'autres
encore de 26400. Ce qui est certain, c'est qu'avec
le temps le poème augmenta considérablement,
de plusieurs fois sa taille originale, et l'épopée
que l'on connaît aujourd'hui (110000 shlokas,
ou comme certains préfèrent compter, 220000
lignes) contient un grand nombre d'interpolations.
Dayananda Saraswati remarquait qu'elle ressemble
à un chameau au fardeau duquel tout le monde
ne cesse d'ajouter. Ainsi l'épopée est sept fois plus
grande que l'Iliade et l'Odyssée prises ensemble.

Il serait hasardeux d'assigner une date à la naissance
de Vyasa ou à la composition du Mahabharata.
D'après la tradition indienne, les événements
décrits dans l'épopée – la Grande Guerre entre les
Kauravas et les Pandavas – eut lieu aux alentours
de 3100 BC (le début de l'âge de Kali ou âge de
fer, lequel est mentionné dans l'épopée : *praaptam
kaliyugam viddhi*). Mais la date à laquelle l'épopée
fut composée varie de façon substantielle selon
les critiques. Ce qu'on peut dire avec certitude,

c'est que le Mahabharata appartient à la seconde période de l'histoire ancienne de l'Inde. Après l'âge védique, aussi appelé âge de l'intuition par Sri Aurobindo, cette période débute avec la naissance de Bouddha et va jusqu'à la chute de l'empire Mauryan. Elle marque une transition entre l'âge de l'intuition et l'âge de la raison. C'est en ce temps-là que la grande littérature épique, les grands systèmes philosophiques, les traités d'éthique, les traités politiques ainsi que les sciences et les arts ont commencé à se développer.

2. Nalopakhyanam [l'histoire de Nala]

L'histoire de Nala est, dit-on, fort ancienne. Il semblerait que le nom de Nala, roi de Nishad, remonte à l'antiquité védique. Comme l'a dit le poète Edwin Arnold (qui fit une traduction en vers de cette histoire) : « Je crois que certaines portions de cette immense épopée et d'autres nombreux épisodes sont d'une époque bien plus ancienne que celle attribuée en général au Mahabharata. ... Quiconque explore même rapidement cet océan poétique ne manquera pas de percevoir des défauts, des excroissances, des différences, des ruptures, dans le style artistique ou la structure. Mais dans les sections les plus simples et les plus nobles, le vers sanskrit (souvent aussi musical et aussi hautement travaillé que le grec d'Homère) témoignent, je pense d'une origine antérieure aux Puranas, antérieure à Homère et probablement aussi à Moïse. »

L'histoire de Nala que l'on trouve dans le Mahabharata sera plus tard reprise par de nombreux auteurs. M. Krishnamachariar dans son *History of Classical Sanskrit Literature* mentionne au moins treize poèmes et quatre pièces de théâtre basés sur Nalopakhyanam. Un poème avec le titre de Nalodya est d'ailleurs parfois attribué au grand poète Kalidasa, l'auteur de Shakuntala.

3. Sri Aurobindo sur Vyasa et son art

Le Nalopakhyanam a le charme d'un conte de fées et la force sauvage et rude d'un poème épique. Évoquant la poésie de Vyasa, Sri Aurobindo s'est attardé longuement sur les caractéristiques de deux œuvres qui ne font pas partie du Mahabharata original et qui sont pourtant de la même main : Nala et Savitri. Il écrit : «Ici nous avons l'aube du génie de Vyasa lorsqu'il était jeune et ardent et peut-être encore sous l'influence immédiate de Valmiki[3] (l'une des touches les plus pathétiques du récit est empruntée directement au Ramayana) , ou en tous cas capable, sans rompre sa subtile réserve, de donner un peu libre cours à sa fantaisie. C'est pourquoi l'histoire de Nala a la grâce romantique, délicate et inhabituelle, d'un classique jeune et sévère qui s'est permis d'aller gambader dans les prairies de la romance. Il y a un charme lointain de restreinte au milieu de l'abandon, de vigilance au milieu de la fantaisie, qui passe là et qui est à la fois doux et étrange. ... [Dans l'histoire de Nala et dans celle de Savitri], on retrouve l'âme du pâle Rishi de marbre, du philosophe, du grand homme d'état, du poète sévère et puissant de la guerre et de l'empire, mais lorsqu'il était encore dans son matin radieux, loin du tumulte des cours royales et des cités, loin du grondement des champs de bataille et quand il n'avait pas encore fait l'ascension des

---

3. Valmiki est l'auteur du Ramayana.

sommets de la pensée. »[4]

On a dit que Vyasa était le plus masculin des
écrivains. Ce qu'on veut dire par là, c'est que les
tendances associées, à tort ou à raison, avec le
tempérament féminin, telles que le goût pour
l'ornement, pour un excès d'émotion, une
sensibilité immodérée à la forme et à la beauté, un
certains manque de restreinte, une imagination qui
prime sur la raison, tout cela est absent du génie
de Vyasa. Pas d'ornementation dans son style, peu
d'images ou de métaphores. Au contraire ce style
est frappé au coin de l'austérité et de la maîtrise. Les
caractéristiques de Vyasa sont la force de son esprit,
la grandeur de son intellect. Son art est l'expression
d'un esprit puissant dans lequel l'idée est suffisante
en elle-même. Il n'écrit pas pour créer quelque
chose de beau, mais parce qu'il a certaines idées
à partager, certains événements à décrire, certains
caractères à peindre. Il a en lui une image et son
travail est de trouver pour cela une expression
précise. Sri Aurobindo remarque que lorsque force
et austérité co-existent, on peut être sûr que le texte

4. Sri Aurobindo, Centenary Edition, vol. 3, pp. 153/4

est bien de la main de Vyasa, et pas de celle d'un quelconque interpolateur.

Et, grand paradoxe, nulle part cet art tout de maîtrise n'est plus visible que lorsque Vyasa parle du miraculeux, du surnaturel, particulièrement dans l'histoire de Nala et Damayanti. Sri Aurobindo remarque encore :

« C'est un environnement où le miracle semble naturel et où, comme en Arcadie, on peut s'attendre à ce que de chaque arbre une divinité vous observe. Les messagers de Nala sont un vol de cygnes aux ailes dorées qui parlent avec une voix humaine. Nala est intercepté sur le chemin par des dieux qui en font leur messager vers une jeune mortelle. Il reçoit de ces dieux des présents qui ne sont pas de l'ordre de l'humain, le feu et l'eau lui obéissent, les fleurs s'épanouissent dans sa main. Au moment de sa chute, les dés deviennent des oiseaux qui s'envolent en emportant le vêtement qui lui reste. Quand il veut couper en deux le voile de Damayanti, dans ce pavillon désert voilà qu'une épée se retrouve dans sa main. Il rencontre le Serpent royal dans un anneau de feu et il est transformé par lui en un cocher difforme, Bahuka. Le tigre se détourne de Damayanti sans l'attaquer et le chasseur concupiscent est abattu par le pouvoir de la chasteté offensée. La destruction de la caravane par des éléphants sauvages, la course furieuse des chevaux menés par Nala, le décompte des feuilles de l'arbre Vibhitaka, presque chaque incident est rempli de ce sens de la beauté et du merveilleux que son environnement des débuts ont fait naître en Vyasa. On serait en droit de se demander si ce ravissant conte de fées est vraiment l'œuvre de ce poète grave et noble pour qui les réalités de la vie étaient tout et pour qui les envolées de l'imagination comptaient si peu. Pourtant, si on regarde attentivement, on verra dans le Nala des preuves abondantes de la touche sévère de Vyasa, de la même manière que dans les portions du Mahabharata qui sont de lui, il y a des touches fugitives de merveilleux et d'étrange, mais qui disparaissent aussitôt qu'observées, preuves d'un amour du surnaturel qui est sévèrement freiné et maîtrisé. On reconnaît le poète du

Mahabharata à la vigilance artistique avec laquelle il limite chaque incident surnaturel à quelques traits légers, sans le laisser déborder ailleurs, et pas plus que le nécessaire. C'est cette économie de moyens, sans égale par la beauté d'un juste rejet, qui fait du poème une épopée plutôt qu'un conte de fées en vers. Prenons par exemple le passage sur les cygnes : nous savons avec quelles prolixités de pathos certains poètes régionaux comme Gujarati Premanand[5] ont amplifié cette partie de l'histoire. Vyasa, lui, l'introduit pour apporter une certaine touche de beauté et d'étrangeté, mais une fois une fois cette touche apportée, les cygnes disparaissent de la scène. Pour son goût si fin, prolonger cet incident aurait été rabaisser le style et courir le risque de provoquer le sourire[6].

Les descriptions de la nature par Vyasa sont rares. Et quand il décrit une scène de nature, il est davantage intéressé à rendre son essence et son atmosphère, clairement et brièvement. Vyasa « est plus dans son élément dans l'expression des sentiments, des

5. Premanand : a Gujarati poet, 1636-1734
6. Sri Aurobindo, Centenary Edition, vol. 3, pp. 154/5

joies et des peines qui font la vie des hommes. Sa description de l'émotion est supérieure à celle des choses. »

4. Nalopakhyanam et le Ramayana

Dans l'histoire de Nala deux passages offrent une grande similarité avec des épisodes du Ramayana.

Le premier est le passage où s'exprime la douleur de Damayanti quand elle se réveille et se rend compte que Nala l'a quittée. Nous trouvons son parallèle dans le Ramayana de Valmiki : la lamentation de Rama quand il découvre la disparition de Sita. Il y a une ressemblance frappante entre les deux textes, y compris cette touche d'illusion dans lequel l'amant est si bouleversé qu'il essaie de croire que l'absence du bien-aimé fait partie d'un jeu.

Un autre passage dans l'histoire de Nala et Damayanti qui fait penser au Ramayana est ce moment où Damayanti cherche Nala dans la forêt, et où elle est si désespérée et si brûlante du désir de parler de lui qu'elle demande au lion et à la montagne s'ils ont vu son époux. C'est à comparer avec de nombreux vers du Ramayana (dans le *Livre de la Forêt*) lorsque Rama supplie la forêt, les arbres et les animaux de lui dire s'ils ont vu Sita. « Ô lion, si vous avez vu ma bien-aimée au visage lumineux comme la lune, la princesse de Mithila, dites-le-moi, n'ayez pas peur. » La seule différence, c'est que Rama étant un guerrier, il faut qu'il rassure le lion en lui promettant de ne pas lui faire de mal.

5. Texte français

Le texte français présenté ici suit fidèlement le poème sanskrit et n'en a omis aucun passage. Seul le tout début, que nous a inspiré un poème de Sri Aurobindo sur l'épisode des oiseaux d'or, prend quelques libertés. Bien entendu, il faut le savoir : « une traduction littérale du Sanskrit est chose impossible. » On a essayé de trouver des équivalents aux concepts, aux expressions des sentiments, si loin des coutumes françaises, tout en préservant l'étrange beauté, et cette couleur si profondément imprégnée d'une ment alité pour laquelle toujours l'invisible entoure le visible et lui donne sens.

Discovery
Publisher

Les Éditions **Discovery** est un éditeur
multimédia dont la mission est d'inspirer et de
soutenir la transformation personnelle, la croissance
spirituelle et l'éveil. Avec chaque titre, nous nous
efforçons de préserver la sagesse essentielle de
l'auteur, de l'enseignant spirituel, du penseur,
guérisseur et de l'artiste visionnaire.

www.ingramcontent.com/pod-product-compliance
Lightning Source LLC
Chambersburg PA
CBHW011342090426
42741CB00017B/3433